Demokratiebildung und Wertevermittlung

Daniel Oelbauer

Demokratiebildung und Wertevermittlung

Der Orientierungskurs des Bundesamts für Migration und Flüchtlinge (BAMF) aus Sicht der Teilnehmenden

Eine Analyse anhand leitfadengestützter Interviews

Wissenschaftlicher Verlag Berlin
wvb

Bibliografische Informationen der Deutschen Nationalbibliothek

Die Deutsche Nationalbibliothek verzeichnet diese Publikation in der Deutschen Nationalbibliografie; detaillierte bibliografische Daten sind im Internet über http://dnb.ddb.de abrufbar

ISBN 978-3-96138-187-6

Druck und Bindung: SDL – Digitaler Buchdruck, Berlin
Printed in Germany
€ 18,90

Inhalt

Tabelle

1. Vorwort

Die vorliegende Arbeit ist das Ergebnis eines Projektseminars, das vom Sommersemester 2018 bis zum Sommersemester 2019 an der Professur für Erwachsenenbildung/Außerschulische Jugendbildung der Katholischen Universität Eichstätt-Ingolstadt stattfand und als Abschlussarbeit im Zusatz- und Ergänzungsstudiengang Erwachsenenbildung angenommen wurde. Für die vorliegende Veröffentlichung ist sie in Teilen überarbeitet worden.

Bei Frau Prof. Tetyana Kloubert möchte ich mich für die Themenvergabe und die intensive wissenschaftliche Betreuung sehr herzlich bedanken.

Frau Dipl. Päd. Eva Feuerlein-Wiesner danke ich für ihre Bereitschaft, das Zweitgutachten zu übernehmen.

Bei meinen Mitstudierenden, insbesondere bei Frau Nancy Brenke M.A., Frau Inga Dickerhoff B.A., Frau Elisabeth Hauk B.A. und Herrn Dipl. Verwaltungswirt (FH) Christian Schachtner M.A. möchte ich mich für den fachlichen Austausch während und nach den Seminarsitzungen bedanken, bei Frau Dickerhoff und Herrn Schachtner zusätzlich für ihr Feedback während der Entstehungsphase dieser Arbeit.

Meiner Frau Frauke Oelbauer M.A. danke ich für die Übernahme des abschließenden Lektorats und für ihre stets wohlwollende Unterstützung bei der Planung und Realisierung dieser Arbeit und während des gesamten Zusatzstudiums.

2. Fragestellung, Zielsetzung, Untersuchungsgang

Nicht erst seit der sogenannten Flüchtlingskrise im Jahr 2015, die auch als der gescheiterte Versuch einer europäischen Abschottungspolitik bezeichnet werden kann, besteht die Herausforderung darin, Neuzugewanderte zu integrieren. Dies ist eine gesamtgesellschaftliche Aufgabe. Nicht nur der einzelne Migrant[1], sondern auch die aufnehmende Gesellschaft steht dabei in der Verantwortung. Herkunft, Alter, Geschlecht und Bildung sind entscheidende Faktoren dafür, wie sich die Eingliederung gestalten wird. Es ist unmittelbar einsichtig, dass sich für Arbeitsmigranten, die aus ökonomischen Gründen abgewandert sind, über entsprechende für den aufnehmenden Arbeitsmarkt einschlägige Qualifikationen verfügen und sich gezielt auf die Auswanderung vorbereiten konnten, der Integrationsverlauf anders gestalten wird als für Kriegsflüchtlinge. Für diese Gruppe kann unterstellt werden, dass in ihrem Lebensplan ein Weggang aus ihrer Heimat nicht unbedingt vorgesehen war. Dies sind die beiden Pole, freiwillige und erzwungene Migration, innerhalb deren sich die Integrationsbemühungen aus der Perspektive der Migranten abspielen werden (Hoerder 2016, S. 5ff.).

Auch die aufnehmende Gesellschaft steht in der Pflicht, Integration zu ermöglichen und passende Bildungsangebote bereitzustellen. Deutschland sollte dieser Verpflichtung erst 2005 insoweit nachkommen, indem es seine Integrationsangebote in den Verantwortungsbereich des Bundes übertrug und zentralisierte. Ausdruck dessen sind die bundesweit einheitlichen Integrationskurse. Diese bestehen aus zwei Einheiten. Der Sprachkurs soll Fertigkeiten auf dem Niveau B1 des Gemeinsamen Europäischen Referenzrahmens für Sprachen vermitteln. Zugleich ist seine Absolvierung Voraus-

---

1 Aus Gründen der Lesbarkeit wurde im Text die männliche Form gewählt, nichtsdestoweniger beziehen sich personenbezogene Bezeichnungen auf Angehörige beider Geschlechter.

setzung für den Besuch des Orientierungskurses. Dieser dient der Vermittlung von Werten, die für das Zusammenleben in der deutschen Gesellschaft unabdingbar sind.

Diese Wertevermittlung liegt im Fokus nachfolgender Untersuchung. Dabei geht es um die Frage, wie diese in der Praxis der Erwachsenenbildung erfolgt und welche Herausforderungen, insbesondere sprachlicher, struktureller und inhaltlicher Art es dabei zu bewältigen gilt. Ferner steht die Frage nach der Annahme der Werte und ihrem Ermöglichungspotential im Blickfeld: Inwiefern zeitigt die Wertevermittlung erschließende oder auferlegende Wirkungen?

Den Rahmen bildete ein an der Professur für Erwachsenenbildung/Außerschulische Jugendbildung der KU angesiedeltes und durch das Zentrum für Flucht und Migration der KU gefördertes Forschungsprojekt. Dessen Kern war die Erarbeitung einer qualitativ-empirischen Studie in Zusammenarbeit mit einem Bildungsträger, der entsprechende Orientierungskurse anbietet. Sie besteht aus drei Teilen. Die Wertevermittlung wird aus der Perspektive des Curriculums betrachtet sowie aus der Sicht der Lehrenden und Lernenden. Die vorliegende Teilstudie beschäftigt sich damit, wie die Lernenden die Wertevermittlung in Orientierungskursen wahrnehmen und beurteilen.[2]

Die folgenden Ausführungen werden eingeleitet mit einer Skizzierung des Forschungsstandes und der Erläuterung einschlägiger Literatur. Daran schließt sich ein Abschnitt über den theoretischen und methodischen Rahmen an, der die Untersuchung leitet. Der Beutelsbacher Konsens bildet den Referenzpunkt für die politische Bildungsarbeit und Wertevermittlung in Deutschland. Der Darstellung seines Entwicklungsgangs und seiner grundlegenden Prinzipien widmet sich ein eigener Abschnitt. Migration ist ein bereits seit dem Altertum bestehendes und äußerst vielschichtiges Phänomen.

2 Zusätzlich zu dieser Arbeit sind unter anderem folgende Beiträge erschienen bzw. befinden sich im Erscheinen: Kloubert 2019, Kloubert/Oelbauer 2019

Neben einem knappen Abriss zur Geschichte der Wanderungsbewegungen in Deutschland soll der Zusammenhang zwischen Migration, Politik und Bildung hergestellt werden. Aus diesem Schnittfeld erwachsen die gesetzlichen Grundlagen wie das Zuwanderungs- und Aufenthaltsgesetz, auf deren Basis die Integrations- und Orientierungskurse konzipiert wurden. Schließlich wendet sich die Studie der Wertevermittlung zu, indem Ergebnisse aus der qualitativen Befragung vorgestellt und diskutiert werden. Eine Zusammenfassung bildet den Abschluss der Untersuchung.

3. Forschungsstand und -literatur

Migration im Spannungsfeld der Erwachsenenbildungsforschung ist bislang ein eher punktuell statt systematisch bearbeitetes Gebiet. Das Themenspektrum erstreckt sich beispielsweise auf die Weiterbildungsbeteiligung von Personen mit Migrationshintergrund, Fragen der interkulturellen Bildung, Fremdheitserfahrungen als Thema der politischen Bildung, Zuwanderung als Herausforderung für die Familienbildung und Bildungsarbeit mit älteren Migranten (Fischer 2018, S. 1280).

Die Anzahl auffindbarer Forschungsliteratur mit Bezügen zur anvisierten Fragestellung ist als überschaubar zu bezeichnen.[3] Die folgende Zusammenschau erhebt dennoch keinen Anspruch auf Vollständigkeit. Die Beiträge von Schroeder/Zakharova, Käpplinger, Stein und Fritz beschäftigen sich mit den Integrations- und Orientierungskursen in einer strukturellen Perspektive, insbesondere in der Auseinandersetzung mit den Vorgaben des Bundesamts für Migration und Flüchtlinge (BAMF). Die Perspektive der Teilnehmenden und Lehrenden mit dem Schwerpunkt auf den Spracherwerb wird von Hentges und Heinemann in den Blick genommen. Als übergreifendes Thema kann die Frage nach der Bedeutung dieser Kurse für eine gelingende Integration in allen Beiträgen identifiziert werden, die Lochner in ihrer Studie durch eine breit angelegte empirische Untersuchung detailliert herausarbeitet.

Christoph Schroeder und Natalia Zakharova ziehen in ihrem Beitrag aus dem Jahr 2015 eine kritische Bilanz. Sie fragen, ob von den seit zehn Jahren durchgeführten Integrationskursen als Erfolgsmodell gesprochen werden und ob das Kursangebot zur Integration einen Beitrag leisten kann. Sie stützen sich in ihrem Aufsatz auf Daten, die das BAMF veröffentlicht hat. Bei ihrer

3 Nicht miteinbezogen sind die aus dem zugrundeliegenden Forschungsprojekt entstandenen Beiträge (siehe Fußnote 2).

Betrachtung nehmen die Autoren keine Trennung zwischen Deutsch- und Orientierungskursen vor. Ihre Hauptkritik entzündet sich daran, dass der Gesetzgeber davon ausgeht, dass der Erwerb von Deutschkenntnissen zu einer Vertrautheit mit den Lebensverhältnissen und dies in der Folge zwangsläufig zur Teilhabe am wirtschaftlichen, kulturellen und gesellschaftlichen Leben in Deutschland führen werde. Es gibt jedoch keine Zahlen, die diesen Zusammenhang belegen können. Die Autoren merken an, dass aus sprachwissenschaftlicher Sicht vielmehr die soziale Integration einer der wichtigsten Faktoren im Zweitsprachenerwerb ist. Darüber hinaus kritisieren sie, dass die durch das BAMF erfolgte Zentralisierung der Kurse ihre Weiterentwicklung verhindert und dabei zu „wenig Raum für Vielfalt und Veränderung" (Schroeder/Zakharova 2015, S. 261) zulasse. Ebenso wird die Heterogenität der Teilnehmenden nicht berücksichtigt. Im Ergebnis verhält es sich so, dass letztlich der Kursteilnehmende selbst die Verantwortung dafür trägt, sich erfolgreich zu integrieren. Nach Einschätzung der Autoren bleibt es fragwürdig, von den Integrationskursen als Erfolgsmodell zu sprechen (Schroeder/Zakharova 2015, S. 261f.).

Bernd Käpplinger geht es um die Frage, wie sich europäische Werte vermitteln lassen und bezieht sich dabei auf die Orientierungskurse. Er kritisiert, dass es bisher von der Erwachsenenbildungsforschung versäumt wurde, sich mit ihrer Grundkonzeption auseinanderzusetzen. Lediglich die Unternehmensberatung Ramboll führte 2006 eine Evaluation der Orientierungskurse durch. Auf der inhaltlichen Ebene fokussiert er auf die Diskrepanz zwischen dem hohen Anspruch des Curriculums einerseits und der geringen Stundenzahl andererseits (Käpplinger 2016, S. 155). Zur Illustration seiner These bezieht er sich auf das vom BAMF veröffentlichte Curriculum von 2015 und verweist dabei beispielhaft auf das Modul I zu den Grundrechten und staatsbürgerlichen Pflichten. Die Lerninhalte umfassen: Familienformen, Ehe, Lebensgemeinschaften, Kinder, Artikel 6 GG; Funktion der Familie;

Emanzipation, Rolle der Frau, Gleichberechtigung und Antidiskriminierungsgebot, Artikel 3 GG; Vorstellung von Alter und Älterwerden, demographischer Entwicklungen; Stellenwert und Wertschätzung von Bildung; Schule und Ausbildung, Erwachsenenbildung; Gleichberechtigte Bildung von Mann und Frau; Erziehungsstile, -ziel, Motivation, Selbstbestimmung, Verantwortung; Informationsmöglichkeiten über Bildungsangebote vor Ort (Käpplinger 2016, S. 154). Für die Vermittlung stehen fünf Unterrichtseinheiten im Umfang von je 45 Minuten zur Verfügung. Vor diesem Hintergrund, so Käpplinger, verkommen die Orientierungskurse mehr zu einer „Symbolpädagogik für eine partiell beunruhigte Gesellschaft" (Käpplinger 2016, S. 154). Die Nachhaltigkeit der Orientierungskurse bleibt zumindest fragwürdig, eine Internalisierung der Werte nahezu ausgeschlossen.

In eine ähnliche Richtung bewegen sich die Ausführungen Werner Steins, der sich den Integrationskursen aus der Perspektive des Praktikers nähert. Stein hat über viele Jahre in der Erwachsenenalphabetisierung für Migranten unterrichtet. Sein Hauptkritikpunkt ist die Orientierung an den Erfordernissen des Ausländerrechts. Dabei gerät eine bestimmte Zielgruppe ins Visier, nämlich Personen, die die deutsche Staatsbürgerschaft erhalten möchten. Pädagogische und didaktische Überlegungen standen nicht im Vordergrund. Seiner Meinung nach kann eine gezielte sprachliche, intellektuelle, kulturelle und politische Förderung nur vor dem Hintergrund eines überzeugenden erwachsenenbildnerischen Konzepts erfolgen. Ebenso kritisiert er den Zuschnitt der Integrationskurse. Mit ihnen werden Erwartungen verknüpft, die mitunter schwer zu erfüllen sind. Die Teilnehmenden erhalten den Eindruck eines scheinbaren Automatismus von Spracherwerb und anschließendem Erfolg in Berufs- und Privatleben, was ebenso von Schroeder/Zakharova beanstandet wurde. Besonders problematisch bleibt für Stein, dass damit – politisch erwünscht – weniger einer Integration, sondern einer Assimilation Vorschub geleistet wird (Stein 2014, S. 180ff.).

Der Beitrag von Thomas Fritz greift diesen Gedanken auf und beschäftigt sich am Beispiel österreichischer Wertekurse mit ihrer Bedeutung für eine gelingende Integration. Seiner Einschätzung nach sind die Materialien zu den Wertekursen in der Tendenz nationalstaatlich geprägt und zeugen von einer zunehmenden hegemonialen Zurichtung (Schindler/Sieder 2017, S. 4). Damit wird die scheinbare Überlegenheit westlicher Werte bzw. westlicher Gesellschaften klar vor Augen geführt. Migranten erfahren eine Stigmatisierung als unzivilisierte Geflüchtete (Fritz 2017, S. 48). Werte werden zu einfachen, trivialen Verhaltensregeln reduziert. Eine kritische Auseinandersetzung unterbleibt und ist unerwünscht. Fritz entwirft das Gegenbild einer Wertevermittlung, die sich an einer politisch-emanzipatorischen Bildung orientiert. Austausch und Vermittlung sollen auf Augenhöhe stattfinden. Pluralismus und Diskursivität sowie eine humanistische Haltung bilden die Eckpfeiler.

Gudrun Hentges beschreibt und bilanziert die Entwicklung deutscher Integrationskurse in der Zeitspanne von 2005 bis 2013 (Hentges 2010, 2010a, 2011, 2013). Sie beschäftigt sich mit der Evaluierung und Weiterentwicklung des Curriculums und lenkt ihren Blick auf die Teilnehmenden von Orientierungskursen. Sie fragt nach deren Erfahrungen und dem tatsächlich erlangten Orientierungswissen. Grundlage bildet eine qualitative Studie. Diese besteht aus 20 leitfadengestützten Interviews. Jeweils fünf Frauen und fünf Männer wurden a) nach dem Ende des Sprachkurses und noch vor Beginn des Orientierungskurses und b) nach dessen Ende interviewt. Die Teilnehmenden, die zwischen 23 und 43 Jahre alt waren, absolvierten ihre Kurse bei verschiedenen Anbietern. Sie stammen aus sieben Nationen. Fünf besitzen die Hochschulreife. Sie waren in ihren Herkunftsländern unter anderem in kaufmännischen und pflegerischen Berufen sowie im Handwerk tätig (Hentges 2010, S. 53). Als eines der wichtigsten Ergebnisse streicht Hentges die oftmals fehlenden Sprachfähigkeiten heraus, die für das tiefere Verständnis, der im Orientierungskurs vermittelten Inhalte und Kompetenzen unabdingbar ist (Hentges 2013, S. 352f.).

Die Arbeiten von Alisha Heinemann beschäftigen sich mit Deutschkursen im Rahmen der Integrationskurse in Deutschland und Österreich unter Bezugnahme hegemoniekritischer Theorien (Heinemann 2017; Heinemann 2018). Aus makroperspektivischer Sicht befasst sie sich mit den strukturellen und organisatorischen Rahmenbedingungen dieser Kurse vor dem Hintergrund der Bedeutung staatlicher Kontrolle. Die Mikroperspektive fokussiert auf das Verhältnis zwischen Kursleiter und Teilnehmende sowie Lerninhalte, -formate und -materialien. Heinemann kommt zu dem Schluss, dass im Bereich der andragogischen Tätigkeit in den Integrationskursen einer „Kolonialisierung der Lebenswelt“ Vorschub geleistet wird. Die Kurse und deren Durchführung sind einer nahezu allumfassenden staatlichen Kontrolle ausgesetzt. Die pädagogische Arbeit hat sich in erster Linie der Einhaltung formaler Vorgaben unterzuordnen. Es gibt nur wenige Freiräume. Es liegt am Geschick der Kursleiter, diese gewinnbringend zu nutzen.

Susanne Lochner befasst sich in ihrer Dissertation mit den Integrationskursen in ihrer Eigenschaft als Motor für den gesellschaftlichen Zusammenhalt (Lochner 2016, S. 16). Als Grundlage für ihre Untersuchung stand ihr ein Paneldatensatz des BAMF zur Verfügung, der die Einstellungen und das Verhalten von 3.400 Teilnehmenden auch über die Kursteilnahme hinaus abbildet. Das Panel fußt auf standardisierten Längsschnittbefragungen der Teilnehmenden. Neben einer Ziel- wurde auch eine Kontrollgruppe interviewt. Das Paneldesign erlaubt eine Befragung derselben Person zu mehreren Zeitpunkten (Lochner 2016, S. 92). Lochner kommt zu dem Ergebnis, dass die Integrationskurse eine herausragende Bedeutung in Bezug auf die Entstehung interethischer Kontakte, für den Identifikationsgrad mit dem Aufnahmeland und die Verbesserung der Sprachkompetenzen haben. Gerade zwischen der Identifikation mit der Aufnahmegesellschaft und der Sprachkompetenz besteht ein enger Zusammenhang. Insbesondere betont Lochner, dass je stärker das Zugehörigkeitsgefühl zu Beginn des Orientierungskurses ausgeprägt ist, der Erwerb von deutschen Sprachkompetenzen erfolgreicher verlaufen wird. Umgekehrt steigt mit einem höheren Sprachniveau auch die Identifikation mit dem Aufnahmeland. Die damit einhergehende positive Bewertung des Deutschen Staates ist, wie noch darzustellen sein wird, eines der Hauptziele der Orientierungskurse (Lochner 2016, S. 192).[4]

Diese Zusammenschau charakterisiert das Spannungsfeld, in dem sich die Orientierungskurse befinden. Zur sprachlichen Problematik gesellen sich die nahezu unerfüllbaren inhaltlichen Anforderungen, die nach rechtlichen und nicht nach pädagogisch-didaktischen Aspekten entwickelt wurden. Schließlich wird deutlich, welches Verhalten als wünschenswert gilt und mittels Werte- bzw. Orientierungskurse transportiert werden soll. Dieses Spannungsfeld begleitet auch die vorliegende Untersuchung.

---

4 Das Ergebnis von Lochner bestätigt die These von Schroeder/Zakharova im Hinblick auf die Bedeutung der Sozialintegration für den Zweitsprachenerwerb. Damit wird die intendierte durch das BAMF vorgegebene Verlaufs- und Zielrichtung von Spracherwerb und Teilhabe letztlich umgekehrt.

4. Theorie und empirisches Forschungsdesign

Im Folgenden sollen neben dem theoretischen Rahmen die methodische Vorgehensweise vorgestellt und diskutiert werden.

4.1 Das dialogische Prinzip Martin Bubers

Aus der Literaturschau und in Vorwegnahme der nachfolgenden Kapitel soll festgehalten werden, dass die Kurse von einer wünschenswerten Zielrichtung zeugen. Daraus zu folgern, dass die anvisierte Wertevermittlung einen indoktrinierenden Charakter aufweist, würde allerdings zu weit führen. Zwar ist Indoktrination eine graduelle Kategorie (Stroß 2007, S. 25). Sie kann sich auf verschiedenen Ebenen abspielen wie der institutionellen, der der erzieherischen Programmatiken (Curriculum) und der individuellen Ebene (Lehrer-Schüler-Verhältnis) (Dzierzbicka/Sattler 2007, S. 51). Sie kann offen oder latent erfolgen und ist unterscheidbar hinsichtlich ihrer Inhalte, Methoden und Ziele sowie Absichten und Wirkungen (Stroß 2007, S. 20, 26, Demke 2007, S. 37, Friedrich 2015, S. 46, Schluß 2007, S. 69). Sie fokussiert auf die kognitiven Fähigkeiten, die gezielt beeinflusst werden sollen (Friedrich 2015, S. 47).

Andererseits ist der Begriff der Indoktrination unscharf, seine Abgrenzung zu Manipulation, Konditionierung und Programmierung nicht eindeutig (Mitgutsch 2007, S. 95). Indoktrination ist in hohem Maße negativ besetzt und wird beispielsweise mit Gehirnwäsche synonym verwendet (Friedrich 2015, S. 45). Sie zielt auf Umerziehungsbemühungen ab (Stroß 2007, S. 18; Friedrich 2015, S. 45). Dabei setzt sie die Beeinflussbarkeit des Menschen voraus und glaubt an seine Lenkbarkeit (Lenzen 1989, S. 722ff.). Sie dient dazu bei Erwachsenen bisher vorherrschende Werte, Überzeugungen und Einstellungen sowie die daraus resultierenden Verhaltensweisen außer Kraft zu setzen und andersartige, konträre Wertungen, Überzeugungen, Einstellungen und Verhaltensweisen zu installieren (Friedrich 2015, S. 45). Gegeneinwände werden verschwiegen oder unterdrückt. Es muss etwas gelernt werden, ohne den eigentlichen Sinn zu verstehen (Böhm/Seichter 2018, S. 231). Den Lernenden wird die Möglichkeit zu Widerspruch, Zweifel und Kritik systematisch versperrt (Schluß 2007, S. 72, 75). Ursächlich hierfür kann die Unfähigkeit der Lehrperson sein, eigene Überzeugungen, Ansprüche und Handlungsweisen zu rechtfertigen, zu begründen und in Frage zu stellen. Für die Erreichung der Ziele können massive psychologische Mittel eingesetzt werden (Reinhold/Pollak/Heim 1999, S. 271).

Es kann davon ausgegangen werden, dass die Orientierungskurse kein Instrument sind, um die Menschen bewusst, gezielt und systematisch zu beeinflussen, um deren Überzeugungen und Verhalten in einer bestimmten Weise zu formen und zu prägen (Tenorth/Tippelt 2007, S. 334f.). Weder soll eine Erziehung zur Mündigkeit noch zur Kritikfähigkeit verhindert werden. Wie auch anhand empirischer Belege zu zeigen sein wird, sind die Orientierungskurse weit davon entfernt, indoktrinierend in dem aufgezeigten Sinn zu sein. Schließlich ließ man sich bei der Konzeption der Kurse von den Prinzipien politischer Erwachsenenbildung leiten (Bundesamt für Migration und Flüchtlinge 2017, S. 14).

Die Vorstellungen Martin Bubers (1878–1965) ermöglichen einen gangbaren theoretischen Zugang zur Forschungsthematik. Es soll vorweggenommen werden, dass seine Schriften ohne seine spezifische Religiosität, die zwar jüdisch geprägt war, ohne sich davon allzu sehr einengen zu lassen, nicht denkbar sind. Ohne hierauf näher eingehen zu können, war Religiosität für Buber keine Doktrin. Vielmehr bildete sie einen für jeden Einzelnen denkbaren Weg (Saalfrank 2008, S. 7).

Buber besaß eine Auffassung von Erwachsenenbildung, die, bezogen auf die heutige Zeit, besonders aktuell wirkt. Von zentraler Bedeutung in diesem

Zusammenhang ist der für Bubers Werk prägende Schlüsselbegriff Krise. Sie ist eine entscheidungsträchtige und äußerst ernsthafte Situation. Eine Krisenlösung kann sowohl Verfall, Untergang oder Tod als auch Rettung, Heilung und Neubeginn bedeuten (Friedenthal-Haase 1991, S. 21). Erwachsenenbildung verstand Buber als geistige Aufrüstung, die einen Beitrag dazu leisten kann, Krisen zu bewältigen. Einerseits kann sie Krisenbewältigung sein. Andererseits können Krisen durch Erwachsenenbildung bewältigt werden (Saalfrank 2008, S. 71f.). Insofern kann die erwachsenbildnerische Tätigkeit für die Teilnehmenden an Orientierungskursen, die überwiegend aus Kriegsgebieten geflohen sind, neben einer Orientierung auch eine Form der Krisenbewältigung darstellen. Die Erwachsenenbildung erhält dadurch eine politische Dimension.

Auch für die Ebene der Wertevermittlung können die Gedankengänge Bubers operationalisiert werden. Nach Buber bilden Beziehungen und Gegenseitigkeit den Kern unseres Zusammenlebens. Beziehungen beruhen auf Gegenseitigkeit. Sie werden durch das dialogische Prinzip gelenkt. Die Vermittlung von Werten als Lehr-Lernverhältnis sollte idealerweise eine auf Gegenseitigkeit beruhende Beziehung sein. Insofern kann Bubers Ansatz den theoretischen Analyserahmen für vorliegende Untersuchung bilden.

Der Kern von Bubers dialogischem Prinzip ist die Reduktion der menschlichen Begegnung zu seiner Wirklichkeit auf zwei Formen, der Ich-Du- und Ich-Es-Relation. Erstere entwirft Buber in Kontrast zur Letzteren. Die Ich-Es-Relation stellt ein Verhältnis zueinander dar, bei der die Wirklichkeit erfahren, benutzt und in feste Schemata eingeordnet wird. Sie ist durch einen Zweckcharakter und eine Spaltung in Subjekt und Objekt bestimmt. Sie strukturiert die Welt in Raum und Zeit und ermöglicht dem Menschen, Erfahrungen von Etwas zu sammeln. Die Ich-Du-Relation bezeichnet Buber als Beziehung. Nur diese lässt die Menschen einander begegnen und miteinander in ein Gespräch, in einen Dialog treten (Werner 1994, S. 22ff.).

Als Begegnung zwischen den Menschen ist die Ich-Du-Beziehung durch verschiedene Eigenschaften gekennzeichnet. Das wichtigste Charakteristikum ist die Anerkennung der Andersartigkeit von Ich und Du als Verlangen des Menschen nach Bestätigung (Faber 1960, S. 75). Die Eigenheit des Anderen muss in einem positiven Sinn bejaht werden, sonst drohen Gleichgültigkeit oder eine distanzlose Einheit zwischen Ich und Du mit den Folgen des Desinteresses bzw. des fehlenden Respekts an der Eigenheit des anderen. Während die Ich-Es-Relation auf Einseitigkeit zwischen Subjekt und Gegenständen beruht, spannt sich bei der Ich-Du-Beziehung ein wechselseitiges Verhältnis von Ich und Du auf, das durch seine gegenseitige Freiwilligkeit charakterisiert ist. Das Ich entfaltet sich erst durch das Du. Aber keinesfalls bildet das Du die Ursache für die Existenz des Ich (Maier 1992, S. 128ff.).

Die Beziehung zwischen Ich und Du ist durch ihre Unmittelbarkeit geprägt. Als direkte Wesensberührung bewirkt sie, dass sich die beiden Partner gegenseitig öffnen (Faber 1960, S. 77). Eine wirkliche Begegnung von Ich und Du kann nur gelingen, wenn nichts zwischen diesen beiden steht, weder Begrifflichkeiten, Vorwissen noch Phantasie. Ansonsten können sich Ich und Du nur in Rahmen dieser Mittel begegnen. Das Miteinander ist dann nicht mehr frei, sondern bereits prädisponiert (Maier 1992, S. 128ff.).

Die Ich-Du-Beziehung spielt in der Gegenwart. Beziehung, Begegnung und Dialog sind ihre Produkte. Sie entsteht durch die Vergegenwärtigung des Du. Ich und Du sind dazu angehalten, gemeinsam neu entstehenden Situationen aktiv zu begegnen. Im Gegensatz dazu ist die Ich-Es-Relation auf die Vergangenheit ausgerichtet und erschöpft sich auf die Vergegenständlichung und Objektivierung subjektiver Handlungen. Ihre Relation baut auf eindeutige in der Vergangenheit gegründete Verhaltensmuster auf, die einerseits Ordnung garantieren und andererseits zu Unbeweglichkeit führen (Maier 1992, S. 128ff.).

Damit eine Beziehung, ein Gespräch oder Dialog zustande kommt, müssen bestimmte Voraussetzungen erfüllt sein. Zunächst liegt das Prinzip des Menschseins in dessen Fähigkeit, sich zu distanzieren. Diese von Buber bezeichnete Urdistanz ist zugleich Voraussetzung, um in eine zwischenmenschliche Beziehung, eine Ich-Du-Beziehung treten zu können (Werner 1994, S. 33). Sofern diese Bedingung erfüllt ist, gilt es bestimmte Hürden zu überwinden, die das Dialogische bzw. Beziehungen hemmen und behindern können. Hierbei betritt Buber den Bereich des Zwischenmenschlichen, das er vom Sozialen unterscheidet. Das Soziale bietet für den Einzelnen einen gewissen Schutz, ohne dass er in Beziehungen eintreten muss. In zwischenmenschlichen Sphären ist der Einzelne Teil einer Gemeinschaft, die darauf bedacht ist, das gemeinschaftliche Miteinander zu pflegen. Das Zwischenmenschliche hebt sich im Vergleich zum Sozialen in zweierlei Hinsicht ab. Einerseits besitzen die Elemente einer Beziehung keinen gegenseitigen Objektcharakter. Andererseits herrscht eine gewisse Aktualität im Beziehungsereignis des Zwischenmenschlichen (Beck 1991, S. 70).

Als das Zwischenmenschliche bestimmende Faktoren nennt Buber: Authentizität, personale Vergegenwärtigung und Erschließung. Buber kritisierte, dass die Menschen mehr zu sein scheinen, als sie tatsächlich sind. Sie geben von sich ein Bild wieder, das nicht mit dem Inneren ihres Wesens im Einklang steht. Das Zwischenmenschliche entsteht allerdings im Zusammenspiel der Menschen als das, was sie sind. Insofern ist das Zwischenmenschliche in seiner Existenz gefährdet (Beck 1991, S. 71).

Eine weitere Gefahr für das Zwischenmenschliche besteht in einer objektivierenden Wahrnehmung des Anderen. Dadurch wird der Andere vergegenständlicht und zum Objekt degradiert (Maier 1992, S. 126). Vielmehr soll er in seiner Ganzheitlichkeit als Person wahrgenommen werden. Vorbehaltlosigkeit und Offenheit gegenüber anders gelagerten Überzeugungen kennzeichnen eine angemessene Wahrnehmung des Anderen (Beck 1991, S. 71).

Schließlich nennt Buber als drittes Element des Zwischenmenschlichen Erschließung, das zusammen mit seinem Gegensatz, der Auferlegung, die für die vorliegende Untersuchung leitenden theoretischen Begriffspaare sind. Buber beschreibt mit Auferlegung ein Szenario, das bestenfalls als Belehrung und schlimmstenfalls als Propaganda bezeichnet werden kann und hierbei unter dem Einsatz von Zwang einer Bemächtigung und Depersonalisierung Vorschub leistet (Buber 1979, S. 287ff.). Unter diesen Umständen ist keine Begegnung zwischen Menschen möglich (Maier 1992, S. 126f.). Im Gegensatz dazu bedeutet Erschließung: Begegnung und Erziehung. Dabei wird die Individualität anerkannt sowie ihre Entfaltung gefördert (Buber 1979, S. 287ff.). Buber betont, dass das Verhältnis von Erzieher und Zögling durch diese erschließende Sozialform geprägt sein soll. Erziehung beruht auf Gegenseitigkeit statt Zwang und Manipulation. Als Idealform manifestiert sie sich „als gegenseitige Hilfe von Erzieher und Zögling auf dem Weg zu einem wesenhaften Miteinander“ (Beck 1991, S. 72).

Buber hat mit dem dialogischen Prinzip keine geschlossene pädagogische Theorie vorgelegt. Eine Umsetzung seines Erziehungsdenkens in die Praxis ist nur bedingt möglich. Weder konkretisierte er seine Erziehungsinhalte noch entwickelte er eine Methodik der dialogischen Erziehung. Auch beschränkte er sich auf die Ich-Du-Beziehung als Zweierbeziehung. Die pädagogische Standardsituation zwischen Lehrer und Schulklasse klammerte er hingegen aus (Vierheilig 1996, S. 56, 62).

Nichtsdestotrotz kann das Verhältnis von Erzieher und Zögling als Lehr-Lernsituation beschrieben und damit auf die Wertevermittlung in den Orientierungskursen übertragen werden. Für eine Charakterisierung dieser Wertevermittlung erscheinen die Begriffe Erschließung und Auferlegung wesentlich zielführender zu sein. Im Gegensatz zu Indoktrination handelt es sich bei diesem Begriffspaar um entgegengesetzte Pole, die das menschliche Miteinander nicht weniger trennscharf strukturieren, ohne allerdings von vornherein eine negative Konnotation zu verbreiten.

4.2 Leitfadeninterviews und qualitative Datenanalyse

Für die Untersuchung der Wertevermittlung wurde ein qualitativ-inhaltsanalytisches Forschungsdesign entwickelt. Es ist ein exploratives und hypothesengenerierendes Verfahren. Die aus der Erhebung ermittelten Erkenntnisse dienen der Entwicklung und Verifizierung theoretischer Annahmen. Im Folgenden sollen Erhebungsinstrument, Interviewgruppe und Auswertungsmethode skizziert werden.

Zur Durchführung leitfadengestützter Interviews diente ein Fragebogen als Erhebungsinstrument. Die Entscheidung dafür erfolgte vor dem Hintergrund der Vergleichbarkeit der von den Teilnehmenden getroffenen Aussagen und der damit verbundenen Systematisierung und Hypothesenbildung. Die Fragen wurden so gestaltet, dass sie Antworten zuließen, die sich nicht nur in einem ja oder nein erschöpften. Zu diesem Zweck und unter Beachtung der sprachlichen Fähigkeiten der Teilnehmenden wurden auf eine möglichst einfache Sprache und eindeutige Formulierungen geachtet. Die Anordnung der Fragen besitzt bezüglich der Anforderungen an die Teilnehmenden einen steigernden Charakter. Eine Änderung der Fragenreihenfolge war dennoch möglich. Nach der Durchführung einer Pretest-Erhebung und den damit verbundenen Adaptionsarbeiten umfasste der Fragebogen in seiner endgültigen Fassung 18 Fragen in fünf Themenblöcken. Jeweils eine einleitende und abschließende Frage bilden den Rahmen. Hier bestand die Möglichkeit, über die zurückliegenden Eindrücke im Allgemeinen zu berichten und Dinge zur Sprache zu bringen, die im Verlauf des Interviews nicht thematisiert wurden. Die Themenkomplexe zwei bis vier befassen sich mit den Ansichten der Teilnehmenden und mit ihren Lernerfahrungen, mit Fragen bezüglich der Kursleitung sowie mit Gefühlen und der Problematik, den Kurs vorzeitig beenden zu wollen.

Name	Alter	Geschlecht	Herkunft	Bildungsabschluss	Beruf	Kursbesuch
Abbas	34	m	Iran	Universitätsabschluss	Bauingenieur	06/2017
Adam	47	m	Syrien	Gymnasium	Holzhändler	12/2017
Fatima	23	w	Syrien	Grundschullehrerin	–	11/2016
Hassan	21	m	Syrien	Gymnasium	–	03/2018
Ibrahim	43	m	Syrien	Gymnasium	Betonbauer	12/2014
Khalil	42	m	Iran	9 Jahre Schulbesuch	Schreiner	03/2018
Nadiya	23	w	Syrien	begonnenes Studium	–	10/2017
Nahla	31	w	Syrien	9 Jahre Schulbesuch	–	2014
Nura	25	w	Syrien	begonnenes Studium	–	03/2017
Omar	27	m	Syrien	Gymnasium	Mitarbeiter im Supermarkt	07/2017
Qasim	27	m	Syrien	begonnenes Studium	Mitarbeiter in Wechselstube	01/2018
Samira	31	w	Afghanistan	Informatik	Informatikerin	04/2018

Abbildung 1: Zusammensetzung der Interviewgruppe

Die Idee für das Forschungsprojekt entwickelte sich auf Anregung einer Mitarbeiterin eines Bildungsträgers, die zugleich Teil der Forschergruppe war und somit den Zugang zum Feld ermöglichte. Der Bildungsträger hat sich auf Angebote zur beruflichen Qualifizierung im ländlichen Raum spezialisiert und besitzt die vom BAMF erforderliche Berechtigung, Integrationskurse nach dem Zuwanderungsgesetz anbieten zu dürfen. Er hat sich bereit erklärt, das Forschungsvorhaben unter Zusicherung von Anonymität zu unterstützen und erteilte die Erlaubnis, ehemalige Teilnehmende an den Orientierungskursen in seinen Geschäftsräumen zu interviewen. Insgesamt wurden zwölf Frauen und Männer einschließlich der Pretest-Teilnehmerin im Vorfeld von der Mitarbeiterin des Trägers ausgewählt. Auswahlkriterien waren die Teilnahmebereitschaft und das Sprachniveau, das sich zum Zeitpunkt der Befragung in etwa auf dem Level B1 befinden sollte.

Unter den Teilnehmenden an der Befragung befanden sich fünf weibliche und sieben männliche Personen. Die Frauen waren zwischen 23 und 31,

Altersspanne		Geschlecht		Geburtsland	
männlich	21–47	männlich	7	Afghanistan	1
weiblich	23–31	weiblich	5	Iran	2
				Syrien	9

Bildungsabschluss		Beruf		Kursbesuch	
bis 9. Klasse	2	Handwerk	3	2014	2
Gymnasium (Abitur?)	4	IT und Technik	2	2016	1
begonnenes Studium	3	Kaufmannsberufe	2	2017	5
Hochschulabschluss	3	Sonstiges / k. A.	5	2018	4

Abbildung 2: Die Interviewgruppe in der Einzelbetrachtung

die Männer zwischen 21 und 47 Jahre alt. 75 Prozent der Teilnehmenden stammten aus Syrien, der Rest aus dem Iran (2) und Afghanistan (1). Lediglich zwei der zwölf Teilnehmenden erfüllten ihre neunjährige Schulpflicht. Alle anderen besaßen zumindest Abitur, drei von ihnen haben vor ihrer Flucht mit einem Studium begonnen, weitere drei Teilnehmende sind im Besitz eines abgeschlossenen Hochschulstudiums. Sieben der Befragten machten Angaben zu einer früheren Berufstätigkeit in ihren Heimatländern. Die vertretenen Branchen umfassten das Handwerk, Kaufmannsberufe sowie IT- und technisch-planerische Tätigkeiten. Bei drei Teilnehmenden lag die Kursteilnahme wenigstens zwei Jahre zurück. Von den übrigen neun Teilnehmenden schlossen fünf den Kurs im Laufe des Jahres 2017 und vier im Frühjahr 2018 ab. Die Informationen sind in Tabelle 1 und 2 zusammengefasst.

Die Interviewgruppe kann als bildungs- und lernerfahren eingestuft werden. Man kann unterstellen, dass sie über die erforderliche intrinsische Motivation verfügen, die zu einer gelingenden Integration in die deutsche Gesellschaft führt, wobei die Absolvierung von Integrations- und Orientierungskurs einen ersten Baustein darstellt.

Die Befragung der Teilnehmenden fand am 1. August 2018 statt. Die Interviews wurden aufgezeichnet. Parallel dazu wurden stichpunktartige Verlaufsprotokolle angefertigt. Angaben zu den soziodemographischen Daten lieferten die Interviewten durch Eintragungen in entsprechend vorbereitete Erhebungsbögen. Ihre Namen wurden pseudonymisiert. Sie zeigten sich gegenüber der Befragung positiv aufgeschlossen. Es stellte sich das Gefühl ein, dass die Interviewsituation keine vollkommen fremde bzw. neue Erfahrung darstellte.

Die Interviews wurden parallel in zwei Räumen durchgeführt und dauerten zwischen 15 und 30 Minuten. Für alle arabischsprachigen Teilnehmenden lagen die Fragen in ihrer Landessprache vor und konnten bei Verständnisproblemen hinzugezogen werden.

Den sechs Befragten der ersten Gruppe wurde ein Übersetzer zur Seite gestellt, der während der Interviews, sofern erforderlich, die Fragen auf Arabisch erläuterte und die Antworten ins Deutsche übersetzte. Der Übersetzer, ein promovierter Mathematiker stammt aus dem Irak und befindet sich seit 25 Jahren in Deutschland. Er stand dem Bildungsträger bereits mehrmals für Übersetzungen zur Verfügung und hat sich bereit erklärt, durch seine Übersetzungstätigkeit an der Bearbeitung des Forschungsthemas mitzuwirken. Im Vorfeld wurde er von der Mitarbeiterin des Trägers über den Ablauf der Befragung und die einzelnen Fragen ins Bild gesetzt.

In der zweiten Befragungsgruppe bestand ebenso die Möglichkeit, Antworten auf Arabisch zu artikulieren. Ebenso wie die arabischen Textpassagen der ersten Befragungsgruppe wurden sie in der Nachbearbeitung vom Übersetzer im Austausch mit dem Forscherteam ins Deutsche übertragen.

Das gewonnene Datenmaterial wurde transkribiert, um die übersetzten arabischen Textpassagen ergänzt und in Textform gebracht. Als problematisch erwiesen sich unzureichende Übersetzungen, die auf Nachfrage der Interviewten zur Erklärung bzw. Umschreibung der Interviewfragen abgegeben wurden. Dabei hat der Übersetzer die ursprüngliche Frage ungenau ins Arabische übertragen und die eigentliche Frageintention teilweise verfälscht. Dieser Fehler wurde bemerkt, als im Nachgang zu den Interviews alle arabischen Passagen, auch diejenigen, die aus dem Mund des Übersetzers stammten, ins Deutsche übertragen wurden. Diese lediglich vereinzelt aufgetretenen widerspruchsbehafteten Aussagen wurden nicht in die Auswertung miteinbezogen.

Die analytische Aufbereitung des Datenmaterials erfolgte in Anlehnung an die Methode der qualitativen Inhaltsanalyse (Schreier 2013, S. 255). Sie zielt darauf ab, Datenmaterial vor dem Hintergrund einer bestimmten forschungsleitenden Perspektive, hier der Wertevermittlung, einer systematischen Analyse zu unterziehen. Da es ein Komplexität reduzierendes Verfahren ist, gehen notwendigerweise Informationen verloren, die allerdings das Forschungsthema unberührt lassen. Hiermit wird der Blick auf die Forschungsfrage gelenkt, verengt und zugespitzt. Ziel ist die Bildung von Kategorien zur systematischen Ordnung des empirisch erhobenen Materials. Kategorien können deduktiv gewonnen werden, wenn vorab gebildete Kategorien mit dem empirischen Material konfrontiert werden. Beim induktiven Vorgehen können die Kategorien aus dem Material selbst extrahiert werden. Hierzu werden Textstellen zusammengefasst und paraphrasiert, die Paraphrase ihrerseits zu einer sinnvollen Kategorie vereinigt (Bauer 2018, S. 45f.).

Heruntergebrochen auf vorliegende Untersuchung sollte mit Hilfe der Kategorienbildung, die Praxis der Wertevermittlung aus Sicht der Teilnehmenden systematisch erfasst werden. Die Kategorien sind thematischer Natur, ihre Bildung erfolgte auf deduktive und induktive Art. Unter Verwendung von MaxQDA, einem Programm für die computergestützte qualitative Daten- und Textanalyse, dienten die Fragekategorien und Fragen der Interviewbögen als Basis für die zu erstellenden codes und die jeweiligen von den Interviewten getroffenen Aussagen den Ausgangspunkt für die codings.

Codes und codings bildeten zugleich den Ansatzpunkt für die induktive Kategorienbildung. Auf diese Weise wurden drei Hauptkategorien generiert: (1) Sprache als grundlegende Verständigungsbarriere, (2) Strukturelle Vorgabe und Lehr-Lernsituation, (3) Orientierung bietende Inhalte und Werte.

Aufgrund der Fallzahl von zwölf Interviews ist eine Generalisierung der Analyseergebnisse im Sinn einer Typenbildung als Kombination der Ausprägungen von Kategorien nicht möglich. Gleichwohl ist durch die Kategorienbildung und die anschließende Interpretation des darunter subsumierten Datenmaterials eine Verallgemeinerung erfolgt, die Rückschlüsse über die Interviewgruppe hinaus zulassen können (Bauer 2018, S. 54f.).

Bezüglich der Qualität der Forschungsergebnisse kann festgehalten werden, dass durch die Offenlegung des Forschungsgangs und methodischen Vorgehens intersubjektive Nachvollziehbarkeit erzeugt wurde. Weiterhin war das Kriterium des methodisch kontrollierten Fremdverstehens zu beachten. Damit sollte vermieden werden, dass der Forscher die Äußerungen des Beforschten auf Grundlage seiner eigenen Deutungsmuster analysiert. Dieses Fremdverstehen wurde durch den Austausch in der Forschergruppe bei der Diskussion der Kategorienbildung ermöglicht.

5. Demokratie lernen: der Beutelsbacher Konsens

Die Vermittlung politischer Werte und politische Bildungsarbeit an Schulen sowie in der Erwachsenenbildung beruht in Deutschland auf dem Beutelsbacher Konsens. Seiner Entstehung ging eine seit Ende der 1960er-Jahre geführte Debatte im Bereich der Politikdidaktik voraus, die bald „in den Einflussbereich der unterschiedlichen politischen Lager“ (Hellmuth/Klepp 2010, S. 64) geriet. Die Konservativen warfen den Sozialdemokraten vor, politische Bildung für den Klassenkampf zu missbrauchen. Der Reformwiderstand seitens der Konservativen schürte bei den Sozialdemokraten den Verdacht, die demokratische Entwicklung nicht nur auf der schulischen, sondern auf der gesamtgesellschaftlichen Ebene behindern zu wollen.

In der Folge entwickelte sich zu Beginn der 1970er-Jahre ein Richtlinienstreit mit nahezu miteinander unvereinbaren Positionen. Die Richtlinien des Bundeslandes Nordrhein-Westfalen betonten eine Erziehung und Bildung zur Mündigkeit. Das didaktische Konzept fußte auf der Idee, eine Vielfalt von Möglichkeiten aufzuzeigen und schloss gleichzeitig Anpassung und Unterwerfung an bestehende Lehrmeinungen kategorisch aus. Die Richtlinien des Landes Rheinland-Pfalz galten als Gegenmodell. Dabei ging es um die Beeinflussung wertorientierter Einstellungen und Verhaltensweisen, nicht jedoch um gesinnungsbildende Maßnahmen. Gleichzeitig verwarfen sie im Gegensatz zum Konzept von Nordrhein-Westfalen den Ansatz einer emanzipatorischen politischen Bildungsarbeit (Weißeno 2017, S. 36f.).

Dieser Richtungsstreit wurde scharf geführt. Von einer eindeutigen Vorstellung darüber, was politische Bildung letztlich zu leisten hatte, blieb man sehr weit entfernt. Eine Einigung bzw. eine Verständigung über Eckpunkte politischer Bildungsarbeit lag außer Reichweite. Siegfried Schiele (*1939), der 1976 die Leitung der Landeszentrale für politische Bildung in Baden-

Württemberg übernommen hatte und mit der Entwicklung in der politischen Bildungsarbeit unzufrieden war, lud im Herbst des gleichen Jahres zu einer Tagung in Weinstadt-Beutelsbach im Remstal ein. Schiele gelang es, die verschiedenen Positionen auf der Tagung zu versammeln und sie gleichberechtigt zu Wort kommen zu lassen. Hans-Georg Wehling (*1938), der in der Landeszentrale für den Publikationsbereich tätig war, führte Protokoll über die Tagung. Seine Leistung bestand darin, trotz aller Verschiedenheiten, die wesentlichen Positionen herausgearbeitet und festgehalten zu haben, die von allen Tagungsteilnehmenden geteilt wurden. Dieses Tagungsprotokoll bildete die Grundlage für den unter dem Namen Beutelsbacher Konsens in die Geschichte der Politikdidaktik eingegangenen Kompromiss (Schiele 2016, S. 7ff.). Dieser vermochte es, die unterschiedlichen Standpunkte im Hinblick auf die verschiedenen Ebenen politischer Bildung zum Ausdruck zu bringen. Zu diesen gehörten die wissenschaftstheoretische, politische und unterrichtspraktische Ebene. In allen drei Bereichen konnte ein Minimalkonsens gefunden werden (Weißeno 2017, S. 38f.).

Der Konsens basiert auf drei Prinzipien: Überwältigungsverbot, Kontroversitätsgebot und Interessenorientierung. Das Überwältigungsverbot, auch Indoktrinationsverbot genannt, soll verhindern, vorgefertigte Meinungen unkritisch zu übernehmen. Die Lehrpersonen dürfen die Lernenden nicht mit der vermeintlich richtigen Meinung überrumpeln. Stattdessen sollen die Bildungsangebote so gestaltet sein, dass eine eigene Meinungsbildung ermöglicht wird. Die Lernenden sollen darin befähigt werden, selbstständig über Politik und politische Probleme zu urteilen. Dies bedeutet nicht, dass die Lehrperson nicht ihre eigene Meinung äußern darf. Vielmehr soll sie sogar ihre Meinung vertreten, die allerdings als solche kenntlich gemacht werden muss (Hellmuth/Klepp 2010, S. 65, 148).

Das Kontroversitätsgebot besagt, dass Themen, die in Politik und Wissenschaft kontrovers sind, auch in der Lehre kontrovers diskutiert werden müssen. Überwältigungsverbot und Kontroversitätsgebot sind eng miteinander verknüpft und bedingen sich gegenseitig. Wer einerseits indoktrinierend wirken will, wird andererseits politische Alternativen überhaupt nicht erörtern oder sie in einem möglichst ungünstigen Licht darzustellen versuchen, so dass es sich bei ihnen um keine wirklichen Optionen handelt. Im Gegensatz dazu wird von einer nicht-indoktrinierenden Lehre ausgegangen, wenn Kontroversen offen ausgesprochen und die verschiedenen Positionen nachvollziehbar und transparent thematisiert werden (Däuble 2016, S. 454).

Ziel aller politischen Bildungsarbeit ist schließlich, die Lernenden dazu zu befähigen, die politische Situation der Gesellschaft und ihre eigene zu analysieren, politisch zu partizipieren und Teil eines politischen Veränderungsprozesses zu werden. Die Ausbildung dieser analytischen und operationalen Fähigkeiten wird unter dem Begriff der Interessenorientierung (Engagementgebot) subsumiert (Ahlheim 2009, S. 250).

Der Beutelsbacher Konsens war nicht das Ergebnis eines Entscheidungs- und Abstimmungsprozesses, sondern als Beitrag für eine im Nachgang der Tagung verfasste Publikation gedacht, die von Wehling angefertigt wurde (Wehling 1977, S. 179 ff.). Dieses Protokoll wurde stillschweigend zur Kenntnis genommen. Eine Entgegnung fand bis zum heutigen Tag nicht statt. Der Erfolg des Konsens‘ ist darauf zurückzuführen, dass er sich auf das Wesentliche beschränkt und die Prinzipien einen Minimalkonsens stark voneinander differierender Lager darstellen. Auch die Kürze trug zu seiner Nachhaltigkeit bei. Zur Zeit der Wiedervereinigung Anfang der 1990er-Jahre erfolgte seine Wiederbelebung. Erblickte doch die ostdeutsche Bildungslandschaft in dem Konsens ein probates Mittel, um nach vier Jahrzehnten politischer Indoktrination, den Weg einer adäquaten und adressatengerechten politischen Bildungsarbeit bestreiten zu können. Auch von Seiten des Auslands entwickelte sich ein reges Interesse an der in Deutschland betriebenen politischen Bildungsarbeit. Der Konsens liegt in acht Sprachen vor (Schiele 2016, S. 8).

Trotz der positiven Aufnahme gab es kritische Stimmen, die seine Relevanz bezweifeln und betonen, dass er letztlich wenig dazu beigetragen habe, das Denken der verschiedenen „Lager-Didaktiken“ aufzubrechen. Anderen gingen die Formulierungen des Konsens‘ wiederum nicht weit genug (Schneider 1999, S. 176). Auch an die Lehrperson werden hohe Anforderungen gestellt, die nicht unbedingt einfach zu erfüllen sind. Durch ihre eigene politische Sozialisation kann sie in gewisser Weise nicht mehr vollständig objektiv und neutral sein. Auch die Trennlinie zwischen kontroverser Meinung und Vorurteil kann unter Umständen fließend verlaufen. Die Unterscheidung ist für den Wert politischer Bildung fundamental (Hellmuth/Klepp 2010, S. 66).

Der Beutelsbacher Konsens zielt in erster Linie auf den politischen Unterricht an öffentlichen Schulen (Ahlheim 2009, S. 249). Weniger wurde der Fokus auf die politische Erwachsenenbildung gelegt. Eine Rezeption in der Breite fand nicht statt. Aufgrund der Mündigkeit Erwachsener scheint die Beachtung des Kontroversitätsgebots weniger bedeutsam zu sein. Der in der Erwachsenenbildung herrschende Trägerpluralismus ermöglicht vielfältige Sichtweisen. Ebenso ist die Zuspitzung auf bestimmte, trägerspezifische Perspektiven unproblematisch, sofern Ziele und Methoden transparent gemacht werden. Die Einbeziehung anderer Perspektiven ist insofern wünschenswert, weil damit die eigene Sichtweise noch besser herausgestellt wird. Daher ist eine Orientierung am Beutelsbacher Konsens im Bereich der politischen Erwachsenenbildung sinnvoll und trägt zu einem nachhaltigen und qualitätsvollen Bildungsangebot bei (Schiele 2016, S. 20).

Der Vollständigkeit wegen soll hier, ohne ausführlicher darauf einzugehen, auf die Frankfurter Erklärung aus dem Jahr 2015 als zeitgemäße Ergänzung zum Beutelsbacher Konsens verwiesen werden. Sie ist das Ergebnis eines 2010 begonnenen Arbeitsprozesses und mittlerweile von knapp 200 Personen und Institutionen unterzeichnet worden (Frankfurter Erklärung,

Die Unterzeichner – List of signatories, abrufbar unter: https://sozarb.h-da.de/politische-jugendbildung/frankfurter-erklaerung/die-unterzeichner-list-of-signatories/, abgerufen am 31. Oktober 2019.) Sie tritt für eine kritisch-emanzipatorische Bildung ein und setzt dort ein, wo der Beutelsbacher Konsens endet: „… mit einer fachdidaktischen Positionierung zu demokratietheoretischen Grundlagen, mit einem Bezug zu aktuellen Gesellschaftsanalysen und epochalen Schlüsselproblemen …“ (Hentges/Lösch/Eis 2017, S. 24ff.).

6. Deutschlands Weg zur Migrationsgesellschaft

Integrationskurse sind das Ergebnis einer deutschen Migrationspolitik, die spät anerkannt hat, dass Deutschland eine Zuwanderungsgesellschaft ist. Der folgende Abschnitt soll vor dem Hintergrund des Migrationsphänomens und der Wanderungsbewegungen den Weg bis zur Verabschiedung des Zuwanderungsgesetzes unter Einschluss migrationsbezogener Erwachsenenbildung skizzieren.

Bereits seit dem Altertum werden Gesellschaften durch Wanderungsbewegungen geprägt. Menschen haben immer schon für sich entschieden, abzuwandern und ihr Glück in anderen Ländern und Regionen zu suchen. Migration bedeutet daher zunächst, auch dem Wortsinn nach, einen Ortswechsel. Ferner ist für sie das Überschreiten einer politischen Grenze, die Entfernung vom Heimatland, das nicht das Geburtsland ist, bzw. vom Wohn- und Arbeitsort kennzeichnend. Auch die Mindestaufenthaltsdauer in einem Land bildet eine Dimension, ab wann von Migration gesprochen werden kann.

Neben räumlichen und zeitlichen Merkmalen differenzieren die Migrationsforscher hinsichtlich der Wanderungsmotive, wobei zwischen freiwilliger und erzwungener Migration unterschieden werden kann. Im Zusammenhang mit wohlfahrtsstaatlichen Regimen und der Sicherung der Existenz erhält diese Unterscheidung eine besondere Bedeutung. In Abhängigkeit von Zuschreibung und Aufenthaltstitel ist die Möglichkeit der Inanspruchnahme von staatlichen Leistungen verbunden. Je nachdem, ob man als Hochqualifizierter oder als Flüchtling einwandert, gestaltet sich die Eingliederung in das gesellschaftliche Gefüge äußerst unterschiedlich. Einerseits kann von einem weitestgehend reibungslosen Verlauf ausgegangenen werden. Andererseits kann sich Integration schwierig und mit ungewissem Ausgang gestalten (Hoesch 2018, S. 20f.).

Die Migrationsentscheidung wird anhand einer Vielzahl unterschiedlicher, stellenweise miteinander verschränkter wirtschaftlicher, sozialer, politischer, religiöser und persönlicher Motive getroffen. Durch Bewegungen zwischen geographischen und sozialen Räumen besteht einerseits das Bestreben, Erwerbs-, Siedlungs-, Beschäftigungs-, Bildungs-, Ausbildungs- oder Heiratschancen zu verbessern. Bei diesen Wanderungsbewegungen, die einen Teil der individuellen Lebensplanung bilden, stehen primär sozio-ökonomische Motive im Vordergrund. Zusätzlich können politische Stabilität, eine demokratisch verfasste Sozialstruktur und Glaubensfreiheit entscheidungsbestimmend sein (Oltmer 2013, S. 32). Andererseits will man kriegerischen Auseinandersetzungen, politischer, religiöser und gesellschaftlicher Unterdrückung sowie ökologischen Katastrophen und wirtschaftlichen Krisen entgehen (Hoerder 2016, S. 7). Die Migrationsentscheidung wird folglich auf der Basis von Push-Pull-Faktoren getroffen, das heißt unter Betrachtung zur Auswanderung drängender Faktoren im Heimatland und Anreize bietender Gegebenheiten im Zielland. Eine eindeutige Trennung dieser Faktoren im Hinblick auf eine freiwillige bzw. erzwungene Migration ist schwierig, da Push- und Pull-Faktoren oftmals ineinander übergehend wirken (Öztürk 2014, S. 14f.).

Hinsichtlich der Migrationsentscheidung erlangt das Wissen und seine Vermittlung über Chancen und Gefahren der Ab- und Zuwanderung, über räumliche Ziele, Verkehrswege sowie psychische, physische und finanzielle Belastungen eine besondere Bedeutung. Hierbei spielen soziale Netzwerke eine wichtige Rolle, wobei auf die Erfahrungen und das Wissen bereits Ausgewanderter zurückgegriffen werden kann (Oltmer 2013, S. 33). Die Wahrscheinlichkeit einer Kettenmigration erhöht sich im Gefolge persönlicher Beziehungen der Migranten, wenn die sozialen Kontakte positiv gegenüber der Migration eingestellt sind. Bei einem negativen Votum werden Migrationsentscheidungen in Frage gestellt. Die Erfahrungsmitteilung durch die Neuen Medien spielt eine wesentliche Rolle (Liakova 2013, S. 37).

Die Bedeutung dieser sozialen Beziehungen auf Migrationsentscheidungen steht im Mittelpunkt der neueren Migrationstheorien. Diese haben sich vom Paradigma der klassischen Ansätze gelöst, die Migration als ein Zusammenspiel von anziehenden und abstoßenden Faktoren und Wanderung als eine einmalige Entscheidung betrachten. Vielmehr steht die Mesoebene im Blickpunkt. Freundeskreise, Gemeinschaften und Migrantenorganisationen geraten in den Fokus der Analyse (Liakova 2013, S. 36f.).

6.1 Wanderungsbewegungen

Deutschland hatte bereits zu früheren Zeiten umfangreiche Wanderungsbewegungen erlebt. Nach den Verwüstungen des Dreißigjährigen Krieges gingen die Landesherren daran, den Bevölkerungsrückgang durch gezielte Anwerbungspolitik zu kompensieren. Den Schwerpunkt legte man auf Personen, die erwerbsfähig und imstande waren, Steuern zahlen zu können. Diese Einwanderungsbewegungen hielten bis zur Mitte des 18. Jahrhunderts an und wurden von bis in die 1830er-Jahre andauernden Abwanderungen nach Süd- und Osteuropa abgelöst. Danach erfolgte bis zum Ausgang des 19. Jahrhunderts eine transatlantische Abwanderung, schwerpunktmäßig in die Vereinigten Staaten von Amerika.

Die erste Hälfte des 20. Jahrhunderts war geprägt von Flucht und Zwangsarbeit. Die beiden Weltkriege erforderten einen hohen Arbeitskräftebedarf und führten zu einem starken Zuzug von Arbeitskräften aus anderen Staaten. In der Regel geschah dies unter Zwang. Nach 1945 mussten die Flüchtlingsströme aus Ost-, Ostmittel- und Südeuropa in die neu entstehende Bundesrepublik Deutschland integriert werden, was durch das Wirtschaftswunder der 1950er-Jahre gelang.

Der anhaltende Wirtschaftsboom erforderte ein hohes Maß an Arbeitskräften, die aus der heimischen Bevölkerung nicht mehr rekrutiert werden konnten. So ging man dazu über, Arbeitskräfte in Italien, Griechenland und

Spanien anzuwerben. Später kamen die Türkei, Marokko, Portugal, Tunesien und Jugoslawien hinzu. Bis zu Beginn der 1970er-Jahre suchten rund 14 Millionen ausländische Arbeitskräfte den Weg nach Deutschland, wovon knapp 80 Prozent wieder in ihre Heimatländer zurückkehrten (Oltmer 2017, S. 102).

Im Zuge der Ölkrise und der beginnenden Massenarbeitslosigkeit erfolgte 1973 der Anwerbestopp. Dieser führte nicht zur erwünschten Rückkehr der „Gastarbeiter". Vielmehr verfestigen sich die Bleibeabsichten, zumal eine zeitweilige Rückkehr in die Heimat eine abermalige Zulassung als Arbeitsmigrant nahezu ausschloss. Durch die Möglichkeit des Familiennachzugs entstanden neue Migrationsbewegungen. Während die Zahl der Arbeitsmigranten bis Ende der 1980er-Jahre sukzessive auf 1,6 Millionen sank, stieg die ausländische Wohnbevölkerung zwischen 1979 und 1989 von 4,14 auf 7,3 Millionen an (Oltmer 2016, S. 60f.).

Einen weiteren Migrationsstrom brachten der Fall der Berliner Mauer und das Ende des Kalten Krieges. Neben der Zuwanderung durch Asylbewerber aus Ost-, Ostmittel- und Südeuropa waren es die Spätaussiedler, die die Migrationszahlen stark anstiegen ließen. 1992 erlebte Deutschland einen ersten Migrationshöhepunkt mit einem Wanderungssaldo von 782.000 Personen. Gegen Ende der ersten Dekade der 2000er-Jahre schwächte sich die Zuwanderung deutlich ab. Deutschland sollte sogar zum Abwanderungsland werden. Dies war mitunter eine Folge des zu Beginn der 1990er-Jahre verschärften Asylrechts als Reaktion auf die von der Mehrheitsbevölkerung artikulierten Konkurrenzängste am Arbeitsmarkt (Ruhlandt 2016, S. 23). Erst seit 2010 ist wieder eine Zunahme zu verzeichnen. Mit einem Wanderungsüberschuss von 1,4 Millionen Personen erreichte Deutschland 2015 den bislang höchsten Wert in seiner Geschichte. Der Anteil der Zugewanderten aus der Europäischen Union betrug nur noch 40 Prozent. 15,3 Prozent aller Neuzuwanderer stammten aus Syrien und verdrängten damit die Rumänen (10

Prozent) und Polen (9,2 Prozent) auf die Plätze zwei und drei (Hanewinkel/Oltmer 2017, S. 2ff.).

6.2 Migration und Bildung

Die skizzierten Wanderungsbewegungen seit 1955 können nach Geißler in vier Phasen eingeteilt werden, die er als Anwerbephase (1955–1973), Konsolidierungsphase (1973–1980), Abwehrphase (1980–1999) und Akzeptanzphase (seit 2000) bezeichnet und die zugleich in einem Wechselverhältnis zur migrationsbezogenen Erwachsenenbildung stehen. In den 1950er- und 1960er-Jahren war Migration kein Thema der Bildungspolitik, da von der Rückkehr der „Gastarbeiter" ausgegangen wurde. Angebote wurden lediglich punktuell geplant und dienten der funktionalen Integration der ausländischen Arbeitskräfte in den betrieblichen Produktionsprozess. Ändern sollte sich dies ab den 1970er-Jahren. Die Integration der Migranten geriet zusehends in den Fokus bildungspolitischer Bemühungen auf Ebene der Länder und Kommunen, die von Bund und Wohlfahrtsverbänden finanziell unterstützt wurden. Im Zuge dessen richtete man unter anderem Kurse im Bereich Deutsch als Fremdsprache ein (Fischer 2018, S. 1281). Gleichzeitig erfolgte über den Strukturplan für das Bildungswesen des Deutschen Bildungsrats (1970) eine Aufwertung der Erwachsenenbildung/Weiterbildung zur vierten Säule des öffentlichen Bildungswesens (Siebert 2018, S. 73). Infolge dessen sollten weitere Veranstaltungsformate speziell für Ausländer entwickelt werden. Dazu gehörten Angebote in den Bereichen Freizeit und Kultur. Spezielle Kurse boten jungen Erwachsenen die Möglichkeit, den Hauptschulabschluss nachzuholen (Ruhlandt 2016, S. 27ff.).

Während die Angebote der migrationsbezogenen Erwachsenenbildung in den 1970er-Jahren und zu Beginn der 1980er-Jahre durch eine Vielfalt von Trägern und Angeboten gekennzeichnet waren, sollte sich in der Abwehrphase die Adressatengruppe diversifizieren. Zu den ehemaligen „Gastarbeitern“ gesellten sich nun zusätzlich Spätaussiedler und Flüchtlinge. Bis zur Jahrhundertwende herrschte zudem eine enorme Vielfalt an integrationspolitischen Steuerungsinstrumenten für die Förderung verschiedener Personengruppen (Ruhlandt 2016, S. 30ff.).

Erst im ersten Jahrzehnt des 21. Jahrhunderts sollte die Integration der Zugewanderten aktiv durch den Staat gefördert werden, der sich somit zu seiner Verantwortung gegenüber den Migranten bekannte. Vor dem Hintergrund des demographischen Wandelns und Fachkräftemangels, also wirtschafts- und arbeitsmarktpolitischer Interessen kam es unter der rot-grünen Bundesregierung Gerhard Schröders (SPD) in einem ersten Schritt zu einer Reform des Staatsbürgerschaftsrechts. Dabei wurde vom Abstammungsprinzip (ius sanguinis = Recht des Blutes) abgerückt, bei dem die Staatsangehörigkeit von den Eltern hergeleitet wurde. Stattdessen erfolgte nun die Einbürgerung durch das Geburtsrecht (ius soli = Recht des Bodens). Die Staatsangehörigkeit wurde durch den Geburtsort bzw. das Geburtsland bestimmt. Problematisch gestaltete sich dabei das sogenannte Optionsmodell. In Deutschland geborene Kinder mit ausländischen Eltern, die die deutsche Staatsbürgerschaft haben, mussten sich mit der Volljährigkeit entweder für die deutsche oder die ausländische Staatsbürgerschaft der Eltern entscheiden. Diese Regelung wurde Ende 2014 dahingehend abgeändert, dass eine Optionspflicht für im Inland aufgewachsene Personen nicht mehr besteht (Meier-Braun 2013, S. 18).

Ein weiterer Schritt war die Ausarbeitung eines Zuwanderungsrechts. Die zur Erarbeitung eines Gesamtkonzepts von Bundesinnenminister Otto Schily (SPD) eingesetzte „Unabhängige Kommission Zuwanderung“, die von Rita Süssmuth (CDU) geleitet wurde, sprach sich für klare Kriterien bei der Anwerbung, Auswahl und Aufnahme von Migranten aus (Hoesch 2018, S. 269). Auch die Integration der Zuwanderer, die für längere Zeit oder auf Dauer in Deutschland bleiben, war Gegenstand der Beratungen. Um diese zu erleichtern, empfahl man die Einrichtung von Integrationskursen, mit deren Hilfe die Neuzugewanderten mit der deutschen Sprache, den Grundzügen der politischen Ordnung und der Funktionsweise des Arbeitsmarktes vertraut gemacht werden sollten (Hentges 2013, S. 343). Die Kommission griff in ihrem Bericht insbesondere auf die Erfahrungen zurück, die in den Niederlanden und Schweden mit den dort bestehenden Integrationskursen gesammelt wurden (Hentges 2010, S. 29).

Die Kommissionvorschläge fanden Eingang in das Zuwanderungsgesetz, das zum 1. Januar 2005 in Kraft trat. Der Wert dieses Gesetzes liegt insbesondere darin, den Diskurs über Migration und Zuwanderung in der Bevölkerung neu entfacht zu haben. Deutschland begreift sich nun als Einwanderungsland. Der Blick wird nicht nur wie bisher auf die bürokratische Abwicklung der Zugewanderten gerichtet, sondern auf eine Willkommenskultur, die Deutschland als ein attraktives Einwanderungsland in den Augen potentieller Emigranten erscheinen lassen soll (Hoesch 2018, S. 270f.).

Bis zu diesem Zeitpunkt wurde die Vielfalt der nach Deutschland eingewanderten Personen kaum beachtet, unabhängig davon, dass sich im öffentlichen Diskurs eine Vielzahl von Bezeichnungen entwickelte. Zu diesen gehören unter anderem Ausländer, Migrant, Asylant, Flüchtling, Zuwanderer, Deutscher mit Migrationshintergrund, Arbeitsmigrant, Aussiedler, Person mit nicht-deutscher Herkunftssprache, Person mit Migrationshintergrund und Person mit Zuwanderungsgeschichte. Erst seit 2005 erfolgt eine Differenzierung durch das Statistische Bundesamt. Dabei wird die deutsche Bevölkerung in Deutsche ohne Migrationshintergrund und Personen mit Migrationshintergrund unterschieden. Der letztgenannte Begriff hat sich fest etabliert. Er umfasst die zugewanderte Bevölkerung und deren Nachkommen in Deutschland. Problematisch bleibt aus der Sicht der Migranten, die bestehende Hervorhebung des Trennenden und ihre damit oftmals suggerierte, scheinbare Unterlegenheit (Öztürk 2014, S. 16ff.).

Das „Gesetz zur Steuerung und Begrenzung der Zuwanderung und zur Regelung des Aufenthalts und der Integration von Unions-Bürgern und Ausländern (Zuwanderungsgesetz)“ hält in seinem Grundtenor an dem Ziel der früheren Migrationspolitik fest. Migration soll begrenzt werden. Kern des Zuwanderungsgesetzes ist das Aufenthaltsgesetz („Gesetz über den Aufenthalt, die Erwerbstätigkeit und die Integration von Ausländern im Bundesgebiet; AufenthG“), das das seit 1990 gültige Ausländergesetz ablöste. In Abschnitt 3 (Paragraph 43 bis 45a) wird die Integrationsförderung als staatliche Aufgabe festgelegt (Hoesch 2018, S. 271). Zu den Fördermaßnahmen gehören die mit dem Zuwanderungsgesetz eingeführten Integrationskurse, die sich aus einem Sprach- und Orientierungskurs zusammensetzen.

Die Integrationsförderung folgt dem Grundsatz des Förderns und Forderns. Für bestimmte Migrantengruppen besteht Teilnahmepflicht am Integrationskurs. Diese müssen einen Teilnahmeanspruch besitzen. Dieser erwächst aus der Zusage der erstmaligen Aufenthaltserlaubnis zu Erwerbszwecken, zum Zweck des Familiennachzugs oder aus humanitären Gründen. Teilnahmepflicht besteht unter anderem für Personen, die teilnahmeberechtigt und nicht in der Lage sind, sich zumindest auf einfache Art in deutscher Sprache zu verständigen oder Leistungen nach dem Zweiten Sozialgesetzbuch beziehen. Eine Teilnahmepflicht kann in bestimmten Fällen von der Ausländerbehörde ausgesprochen werden. Für EU-Ausländer besteht keine Pflicht zur Teilnahme. Ausländer, die schon länger in Deutschland leben, besitzen keinen Teilnahmeanspruch. Sie können jedoch im Rahmen verfügbarer Kursplätze zur Teilnahme zugelassen werden (AufenthG (2004ff.) §§ 44, 44a).

Es ist eine gesamtgesellschaftliche Aufgabe, Neuzugewanderten gleiche Teilhabechancen in wichtigen gesellschaftlichen Bereichen wie Bildung, Arbeitsmarkt, Wohnen und politischer Partizipation zu ermöglichen. Die Teilhabechancen sind zwischen der deutschen Bevölkerung ohne Migrationshintergrund und Menschen mit Migrationshintergrund ungleich verteilt (Öztürk 2014, S. 26ff.). Beispielsweise besitzen nach der Erhebung des Mikrozensus von 2017 in der Gruppe der 25- bis 34-jährigen ohne Migrationshintergrund zwei Prozent keinen Bildungsabschluss, bei der gleichen Altersgruppe mit Migrationshintergrund sind es bereits neun Prozent. Der Abstand wird in der Alterskohorte der 45- bis 54-jähringen noch größer und beträgt insgesamt 13 Prozent, wobei ein Prozent der Personen ohne Migrationshintergrund und 14 Prozent der Personen mit Migrationshintergrund keinen Schulabschluss aufweisen (Statistisches Jahrbuch 2018, S. 89).

Im Zuge der Einführung des Zuwanderungsgesetzes wurde aus dem Bundesamt für die Anerkennung ausländischer Flüchtlinge das Bundesamt für Migration und Flüchtlinge, das die Steuerung der integrationsfördernden Maßnahmen übernimmt. Es ist für die Konzeption der bundeseinheitlichen Integrationskurse verantwortlich. Durch diese zentrale Steuerung wurde dem zuvor herrschenden „Wildwuchs an staatlichen Fördermaßnahmen im Bereich der berufsorientierenden bzw. berufsvorbereitenden Sprachförderung“ (Stein 2014, S. 181) Einhalt geboten und eine Mehrfachbelegung von Deutschkursen im Grundstufenbereich bis zum Sprachniveau B1 beseitigt. Allerdings reichen die vorhandenen Kinderbetreuungsangebote oftmals nicht aus, so dass insbesondere Frauen an der Kursteilnahme gehindert werden (Rhode/Sitteneder 2018, S. 91).

Wie auch von den Autoren in der vorgestellten Forschungsliteratur hervorgehoben wurde, widerspricht die zentrale Steuerung der pluralistischen Wesenhaftigkeit der Erwachsenenbildung in Deutschland, in die sich der Staat nicht einzumischen hat. Darüber hinaus wird der Grundsatz der Freiwilligkeit verletzt, da die Teilnahme an den Fördermaßnahmen in der Regel verpflichtend ist. Um dem Subsidiaritätsprinzip Rechnung zu tragen, tritt das BAMF nicht selbst als Anbieter von Integrationskursen in Erscheinung. Es vergibt Aufträge an lokale Bildungsträger. Die Zulassung dieser Institutionen erfolgt wiederum durch das BAMF und muss alle drei bis fünf Jahre bestätigt werden. Damit wird zwar einerseits ein System des Qualitätsmanagements und der -sicherung geschaffen. Es befindet sich andererseits in der Verantwortung des BAMF und nicht unabhängiger Dritter. Eine einvernehmliche Zusammenarbeit ist für eine Reakkreditierung sicherlich förderlich, die sich nach Heinemann beispielsweise in einer hohen Bestehensquote bei den Sprachprüfungen widerspiegelt (Heinemann 2018, S. 84f.).

Durch die Zuordnung des BAMF als nachgelagerte Behörde im Geschäftsbereich des Bundesministeriums des Innern, dem die Sicherheitsorgane wie beispielsweise die Bundespolizei und das Bundesamt für Verfassungsschutz unterstehen, entsteht zudem der Eindruck, dass Sicherheitsaspekte im Kontext der Integrationskurse eine Rolle spielen. Schließlich verfolgt das Zuwanderungsgesetz das generelle Ziel, Zuwanderung zu begrenzen. Vor diesem Hintergrund kann auch die Konzeption der Integrationskurse betrachtet werden, zumal durch die Einführung der Orientierungskurse unterstellt wird, dass die Neuzugewanderten ein grundsätzliches Problem mit der Anerkennung demokratischer Grundwerte besitzen (Hentges 2010a, S. 18f.).

7. Aufbau und Funktion des Integrationskurses

Nach der Darlegung des Entstehungskontexts folgt eine genauere Betrachtung der Integrationskurse. Diese gibt es in fast allen westeuropäischen Ländern. Sie bestehen aus einem Sprach- und Orientierungskurs. Die Teilnahme ist vielerorts obligatorisch. Der erfolgreiche Abschluss schafft Berechtigungen und erleichtert beispielsweise die Einbürgerung oder verfestigt den Aufenthaltsstatus. Umgekehrt wird ein Fernbleiben negativ sanktioniert. Staatliche Zahlungen können gekürzt oder ausgesetzt, die Ausweisung angedroht werden (Hentges 2010, S. 29).

In Deutschland werden die Personen, die ihrer Teilnahmepflicht nicht nachkommen von der Ausländerbehörde vor der Verlängerung der Aufenthaltserlaubnis auf die Auswirkungen der Pflichtverletzung hingewiesen (AufenthG (2004ff.), § 44a). Leistungen können für die Zeit der Nichtteilnahme verringert werden (Hentges 2010, S. 32). Einen zahlenmäßigen Überblick über die Integrationskurse bietet Tabelle 3, die wie die beiden darauffolgenden Tabellen (Seite 51 und 55) auf den Angaben des BAMF beruhen (Bundesamt für Migration und Flüchtlinge 2018, S. 126–130). Im Folgenden werden die beiden Einheiten der in Deutschland angebotenen Integrationskurse einer näheren Betrachtung unterzogen. Eingangs soll vorweggenommen werden, dass nur das erfolgreiche Bestehen beider Kurse zum Erwerb des Zertifikats Integrationskurs berechtigt.

	2005 bis 2015	**2016**	**2017**	**Insgesamt**
TN	1.319.071	339.578	291.911	1.950.560
(a)	97.408	20.047	18.915	136.370
(b)	65.398	10.051	15.446	90.895

Abbildung 3: Integrationskursteilnehmende (TN) sowie Anzahl (a) begonnener und (b) beendeter Kurse, 2005 bis 2017

7.1 Sprachkurs

Sprachkenntnisse werden aus Sicht des BAMF als basal für den weiteren Integrationsprozess betrachtet und schaffen damit vom Grundsatz her gesellschaftliche Teilhabemöglichkeiten wie beispielsweise auf dem Arbeitsmarkt. Das Erlernen der Sprache erfolgt in Anlehnung an die klassischen Assimilationstheorien als Anpassung der Migranten an die Aufnahme- bzw. Mehrheitsgesellschaft im Laufe der Zeit (Lochner 2016, S. 23, 35).

Im Detail umfasst der Sprachkurs 600 Unterrichtseinheiten und kann bei Bedarf um 300 weitere aufgestockt werden. Er setzt sich aus einem Basis- und Aufbaukurs mit je 300 Unterrichtseinheiten zusammen. Zu den Themengebieten des Basiskurses gehören unter anderem Einkaufen und Wohnen, Gesundheit, Arbeit und Ausbildung, Betreuung und Erziehung von Kindern, Freizeit und soziale Kontakte, Mobilität und Mediennutzung. Die zusätzlichen Themen im Aufbausprachkurs erstrecken sich auf moderne Informationstechniken, Gesellschaft und Staat sowie auf Beziehungen zu anderen Menschen, Kulturen und Weltanschauungen. Der Umfang von 600 Unterrichtseinheiten gilt nur für Lernende, bei denen es sich um funktional Alphabetisierte im lateinischen Schriftsystem mit Schrift- und Lernerfahrung handelt. Für Zweitschriftenlerner, die nicht im lateinischen Schriftsystem alphabetisiert wurden, werden 900 Unterrichtseinheiten angesetzt, die ebenso zusätzlich um 300 Unterrichtseinheiten ergänzt werden können. Die Zweitschriftenlerner bilden die Mehrheit. Im Jahr 2016 waren bei der Einreise 34 Prozent lateinisch alphabetisiert, 51 Prozent Zweitschriftlernende (Rhode/Sitteneder 2018, S. 89). Weitere denselben Stundenumfang aufweisende Spezialkurse gibt es für Frauen, Eltern, junge Erwachsene und Analphabeten (Stein 2014, S. 182).

Das Ziel des Sprachkurses besteht in der Ausbildung von Sprachfertigkeiten auf dem Niveau B1, was dem Sprachniveau bei Abschluss der Realschule entspricht. Der Kurs schießt mit der Prüfung Deutsch-Test für Zuwanderer

Insgesamt	**1.098.178**	**100 %**
Davon:		
B1	592.819	54 %
A2	400.654	36,5 %
Unter A2	104.705	9,5 %

Abbildung 4: Teilnehmende am Deutsch-Test für Zuwanderer (DTZ), zweites Halbjahr 2009 bis 2017

(DTZ) ab. Es hat sich herausgestellt, wie im Vorfeld der Konzeptphase bereits kritisiert wurde, dass 600 Unterrichtseinheiten Deutschunterricht nicht ausreichend sind, um das Niveau B1 zu erreichen (Hentges 2010a, S. 18f.). Daher erfolgte eine Nachjustierung mit der Möglichkeit, weitere 300 Unterrichtseinheiten im Rahmen eines Förderkurses zu beantragen. Die Ausschöpfung der maximalen Stundenzahl stellt die Regel dar (Engin 2013, S. 201). In der Gesamtschau der Jahre 2009 bis 2017 listet Tabelle 4 die Anzahl der Teilnehmenden am DTZ gemäß ihrer erreichten Sprachkompetenz auf.

7.2 Orientierungskurs

Der Begriff Orientierungskurs wurde in Deutschland von den europäischen Nachbarstaaten übernommen, die bereits Erfahrungen im Rahmen ihrer orientation courses gesammelt hatten. Die Begrifflichkeit Orientierung stand zunächst nicht im Fokus der Diskussion. Es herrschte die Meinung, dass Orientierung selbsterklärend sei und jedermann damit eine gewisse Vorstellung verbinden werde. Orientierung ist mehrdimensional, die auf das Selbst sowie auf die Umwelt im gegenständlichen und sozialen Sinn gerichtet ist. Die Orientierung auf das Selbst umfasst das Selbstbild, Vorstellungen über die eigenen Fähigkeiten und Einstellungen. Die gegenständliche Umwelt kann sich aneignen, wer eine Vorstellung von der aufnehmenden Gesellschaft entwickelt, wie dort Raum und Zeit strukturiert sind und welche Bedeutung diese für das soziale Miteinander haben. Die soziale Umwelt beschreibt den

Bereich der allgemein akzeptierten und verbindlichen Werte, Normen und Regeln. Sie einzuhalten, ist eine Pflichtaufgabe. Nichtbeachtung kann unter Umständen negative Folgen nach sich ziehen (Hentges 2010, S. 38f.).

In Abhängigkeit von den unterschiedlichen Bedeutungsdimensionen des Begriffs Orientierung haben sich in Deutschland in den beiden vergangenen Jahrzehnten auf kommunaler und lokaler Ebene unterschiedliche Angebote herausgebildet, die sich vereinfacht in zwei Kategorien einteilen lassen. Die Städte Frankfurt am Main und München starteten jeweils herkunftssprachliche Pilotprojekte, die das Ziel verfolgten, Migranten in der Aufnahmegesellschaft Orientierung zu geben. Die deutschsprachigen Orientierungskurse zielten dagegen mehr auf eine Identifikation mit der deutschen Gesellschaft ab (Hentges 2010, S. 40). Zu diesen gehörte ein in Nürnberg durchgeführtes Projekt. Bei diesem handelte es sich um einen Einbürgerungskurs, der im Auftrag vom Bayerischen Staatsministerium für Arbeit und Sozialordnung vom Europäischen Forum für Migrationsstudien der Otto-Friedrich-Universität Bamberg konzipiert und in Zusammenarbeit mit dem Bildungszentrum Nürnberg zwischen 2001 und 2003 durchgeführt wurde. Zielgruppe waren einbürgerungswillige Personen, die über gute deutsche Sprachkenntnisse verfügten (Hentges 2011, S. 263). Die Hälfte der Teilnehmenden besaß einen akademischen Abschluss. Der Frauenanteil betrug 70 Prozent. Die 47 Teilnehmenden, die den Kurs beendet hatten, stammten aus 30 Nationen. Der 30 Unterrichtseinheiten umfassende Kurs bestand aus einem geschlossenen Curriculum und beschäftigte sich in der ersten Hälfte mit den Themen Geschichte, Landeskunde, Migration und Demographie. In der zweiten Kurshälfte stand die Vermittlung demokratischer Werte im Vordergrund. Ziel war die Ausbildung eines deutschen Patriotismus (Hentges 2010, S. 44f.).

Das Nürnberger Pilotprojekt wurde zum Vorbild für die im Zuwanderungsgesetz verankerten Orientierungskurse. Der derzeit 100 Unterrichtseinheiten umfassende Orientierungskurs zielt auf die Vermittlung von Alltagswissen, Kenntnissen der Rechtsordnung, der Kultur und der Geschichte in Deutschland, insbesondere der Werte des demokratischen Staatswesens und der Prinzipien der Rechtsstaatlichkeit, Gleichberechtigung, Toleranz und Religionsfreiheit. Der Kurs umfasst sechs übergreifende Zielvorgaben. Einerseits sollen Methoden-, Handlungs- und interkulturelle Kompetenzen entwickelt werden. Andererseits sollen die Migranten über ihre Rechte und Pflichten als Einwohner und Staatsbürger unterrichtet und in ihnen ein Verständnis für das deutsche Staatswesen geweckt werden, das darüber hinaus eine positive Beurteilung erfahren soll (Bundesamt für Migration und Flüchtlinge 2017, S. 6f.).

Der Kurs besteht aus einer Einführung im Umfang von drei Unterrichtseinheiten, aus den Modulen I bis III mit einem zeitlichen Horizont von 93 Unterrichtseinheiten sowie einer Abschlusseinheit, die vier Unterrichtseinheiten umfasst und der Vorbereitung auf den Abschlusstest dient. Bis zu zehn Unterrichtseinheiten aus dem Gesamtvolumen der drei Module können für Exkursionen verwendet werden. Bereits in der Einführung wird auf die Zielsetzung, den Kursverlauf sowie den Abschlusstest Leben in Deutschland (LID) hingewiesen. Der Test ist bestanden, wenn von 33 Fragen mindestens 15 richtig beantwortet wurden. Gleichzeitig besteht die Möglichkeit, die für eine Einbürgerung notwendigen Kenntnisse der Rechts- und Gesellschaftsordnung sowie der Lebensverhältnisse in Deutschland nachzuweisen. Dazu müssen von den 33 Fragen mindestens 17 richtig beantwortet werden. Drei Fragen beziehen sich auf das Bundesland, in dem die Einbürgerung erfolgen soll (Lämmermann 2013, S. 118). Es wird darauf hingewiesen, dass im Test Fragen zu Inhalten gestellt werden können, die im Kurs nicht behandelt wurden. In diesem Zusammenhang wird auf das weiterführende Selbststudium unter Zuhilfenahme des Online-Testcenter auf den Internetseiten des BAMF verwiesen (Bundesamt für Migration und Flüchtlinge 2017, S. 10, 23).

Modul I befasst sich mit Politik und Demokratie (35 Unterrichtseinheiten). Im Mittelpunkt stehen die Verfassungsprinzipien und Grundrechte im Grundgesetz. Konkrete Bezüge zum Alltag und zur Lebenswelt machen dabei die Bedeutung von Demokratie und Grundrechten für Freiheit, Gerechtigkeit und Sicherheit verständlich sowie nachvollziehbar. Das zweite Modul widmet sich dem Thema Geschichte und Verantwortung im Umfang von 20 Unterrichtseinheiten. Das historische Basiswissen zur deutschen Geschichte bildet die Brücke für die Entwicklung eines Verständnisses der deutschen und europäischen Gegenwart. Im gesamten Modul steht die Leitfrage im Vordergrund, wie sich Ideologien und unterschiedliche politische Rahmenbedingungen auf den Alltag und die Lebensverhältnisse von Menschen, ihre Grundrechte und Beteiligungsmöglichkeiten auswirken. Modul III (38 Unterrichtseinheiten) handelt vom Mensch in seiner Beziehung zur Gesellschaft. In diesem Modul wird das bislang vermittelte Wissen in Bezug gesetzt zu den gegenseitigen Erwartungshaltungen der Zugewanderten und der Aufnahmegesellschaft. Wissen über Spielräume und Grenzen im Alltag eröffnet den Teilnehmenden die Chance, sich individuell zu verorten und das eigene Auftreten in der Gesellschaft besser einzuschätzen (Bundesamt für Migration und Flüchtlinge 2017, S. 24–43).

Aus der Sicht des BAMF ist für eine gelingende Integration der reine Spracherwerb nicht ausreichend. Damit erhält der Orientierungskurs seine Berechtigung. Neben konkreten Gegenständen geht es um die Vermittlung von Kompetenzen. Im Ergebnis sollen den Teilnehmenden die Vorzüge des deutschen, als Demokratie verfassten Staates nicht nur nähergebracht, sondern dessen Internalisierung vorangetrieben werden. Fraglich bleibt, ob der auf einen rein kognitiven Wissenserwerb abzielende Orientierungskurs für die Vermittlung demokratischer Werte geeignet erscheint. Vielmehr müssen Werte gelebt und erfahren werden können. Es muss eine Auseinandersetzung mit ihnen erzeugt werden. Ziel muss ihre innere Annahme sein (Frey/

	Anzahl Teilnehmende	Bestanden	Prozentual
2009	70.457	64.788	92,0
2010	73.380	67.862	92,5
2011	68.290	63.646	93,2
2012	68.294	63.866	93,5
2013	72.207	67.248	93,1
2014	84.912	78.794	92,8
2015	98.732	91.324	92,5
2016	132.709	22.504	92,3
2017	224.121	202.039	90,0
Insgesamt	**893.102**	**822.071**	**92,0**

Abbildung 5: Teilnehmende am Test Leben in Deutschland (LID), zweites Halbjahr 2009 bis 2017

Geiger/Kaulfuß 2017, S. 11f.). Dem steht entgegen, dass einerseits Inhalte und Lernziele letztlich zu umfangreich und anspruchsvoll sind, um in der bemessenen Zeit adäquat vermittelt werden zu können (Hentges 2013, S. 350). Daran hat die Aufstockung der Unterrichtseinheiten von 30 (2005) auf 45 (2007), 60 (2012) und schließlich 100 (2017) nichts geändert. Vielmehr erfolgte mit der Erhöhung eine weitere inhaltliche und thematische Ausdifferenzierung.

Problematisch bleibt zudem, dass laut Curriculum zwar eine Orientierung an der Didaktik politischer Bildung im Sinn des Beutelsbacher Konsens‘ erfolgt, durch die Zielvorgabe einer „Positiven Bewertung des deutschen Staates“ (Bundesamt für Migration und Flüchtlinge 2017, S. 7) das für die politische Erwachsenenbildung so bedeutsame Kontroversitätsgebot letztlich konterkariert wird. Dass das staatliche Handeln, wie beispielsweise der Gesetzgebungsprozess einer kontroversen Diskussion bedarf bzw. davon lebt, wird hierbei vollkommen ausgeklammert (Hentges 2010, S. 47f.). Bildung besitzt hier keinen ermöglichenden Charakter, der die Analysefähigkeit schärfen soll, sondern versteht sich als ein Instrument, das Schranken aufzeigt, in denen man sich zu bewegen hat.

Der Orientierungskurs, der vom Grundsatz sehr demokratisch verfasst ist, indem er ein Grundverständnis vermitteln will, leidet letztlich an seiner unzureichenden Umsetzung. Dabei spielt insbesondere die Erfahrungs-, Lebenswelt- und Handlungsorientierung mit offenen Lernsituationen eine nicht unwesentliche Rolle (Hufer 2005, S. 335), die, wie noch zu zeigen sein wird, zu kurz gerät und demgegenüber das der Bedeutung des Abschlusstests geschuldete Faktenlernen dominiert. Vor diesem Hintergrund lässt sich die hohe Bestehensquote erklären. Für den Zeitraum 2009 bis 2017 haben von insgesamt 893.102 Prüfungsteilnehmenden 92 Prozent den Test erfolgreich bestanden, worüber Tabelle 5 Aufschluss gibt (Bundesamt für Migration und Flüchtlinge 2018, S. 130).

8. Wertevermittlung in Orientierungskursen

Nach der Kontextualisierung und Einbettung des Orientierungskurses in den theoretischen und politischen Diskurs beschäftigt sich der folgende Abschnitt mit der konkreten Praxis der Wertevermittlung aus Sicht der Kursteilnehmenden. Einführend soll festgehalten werden, dass alle Teilnehmenden aus Kriegs- bzw. aus von den Folgen des Krieges betroffenen Gebieten stammen. Im Gegensatz zu Arbeitsmigranten war ein Weggang aus der Heimat in ihrem Lebensplan nicht unbedingt vorgesehen. Zwar ging aus den Interviews hervor, dass sie sich im Vorfeld über Europa und Deutschland informiert hatten. Eine Vorbereitung und Planung war aufgrund der äußeren Umstände nur eingeschränkt möglich. Manche der Teilnehmenden äußerten sich vor diesem Hintergrund dahingehend, dass sie sich das Leben in Deutschland anders und vor allem leichter vorgestellt hatten. Der Orientierungskurs hat dabei zur Aufklärung und in gewisser Weise zur „Entzauberung“ beigetragen (Morrice 2012, S. 259). Er hat den Interviewten grundsätzlich vor Augen geführt, dass in Deutschland ein anderes Tempo herrscht und eine qualifizierte Ausbildung der Schlüssel ist, um seine beruflichen und privaten Ziele zu erreichen. In Deutschland besitzt Arbeit einen hohen Stellenwert und das Geld ist nicht leicht verdient. Die aus Syrien stammende Nadiya bringt diesen Umstand wie folgt auf den Punkt: *„Ja, (...) man soll ein bisschen genauso wie Maschine sein. Und das ist nicht (lacht) bei uns. Das nicht so.“* (Nadiya, # 00:14:45 #) Diese in Deutschland herrschende leistungsbezogene Atmosphäre bekam Fatima gleich nach ihrer Ankunft in Deutschland zu spüren. Bereits nach 15 Tagen Aufenthalt musste sie am Orientierungskurs teilnehmen. Sie empfand das einerseits als hart. Im Rückblick urteilte sie andererseits, dass dieser Umstand wesentlich dazu beigetragen hat, ihre Deutschkenntnisse so schnell wie möglich zu verbessern (Fatima, # 00:01:06 #). Zweifelsohne werden durch diese erzwungene Migration besondere Leistungen abgefordert (Hoerder 2016, S. 30f.).

8.1 Sprache als grundlegende Verständigungsbarriere

Die Deutschkenntnisse der Befragten waren sehr unterschiedlich ausgeprägt. Eine Vielzahl von Interviewten war nicht in der Lage, die im Interviewvorgang nochmals vereinfachten Fragen zu verstehen. Der Übersetzer musste eingreifen und Hilfestellung leisten. Neben den passiven blieben auch die aktiven Sprachkenntnisse bei der Mehrheit der Teilnehmenden letztlich hinter einer als Bedingung für die Teilnahme am Orientierungskurs erforderlichen fortgeschrittenen und selbstständigen Sprachanwendung auf dem Niveau B1 zurück.

Es muss in Rechnung gestellt werden, dass der Interviewkontext von der im Referenzrahmen beschriebenen Situation dahingehend abwich, dass es gerade nicht um vertraute Dinge aus Arbeit, Schule und Freizeit ging und von den Interviewten zudem gewisse Reflexionsleistungen abverlangt wurden. Daher darf es nicht verwunden, dass die Interviewsituation durch die Artikulation von Schlagworten und Syntagmen gekennzeichnet war. Vollständige und grammatikalisch richtig formulierte Sätze bildeten die Ausnahme. Die Antworten blieben oftmals einsilbig. Beachtenswert ist das unterschiedliche Sprachniveau von Frauen und Männern. Erstere haben sich unabhängig vom formalen Bildungsgrad in der Mehrzahl besser ausdrücken und verständigen können. Nahla war als Hausfrau überwiegend mit der Betreuung ihrer Kinder beschäftigt. Durch den daraus entstehenden Kontakt zu anderen (deutschen) Eltern konnte sie ihre Sprachfertigkeiten ständig verbessern (Nahla, # 00:02:32 #).

Die beschriebene Sprachkompetenz gibt den Zustand während der Interviewsituation wieder. Zwischen Beendigung des Kurses und Durchführung der Befragung ist mitunter eine geraume Zeit vergangen, in der die Möglichkeit bestand, die Kenntnisse weiterzuentwickeln. Das heißt im Umkehrschluss, dass zum Zeitpunkt des Orientierungskurses die Sprachkenntnisse teilweise noch geringer ausgeprägt waren, obwohl der Kurszugang das Niveau B1 voraussetzt, das durch den erfolgreichen Abschluss der Prüfung Deutsch-Test für Zuwanderer attestiert werden muss. Sofern der Test nicht bestanden wurde, muss im Rahmen der Wiederholungsprüfung der vorgeschaltete 300 Unterrichtseinheiten umfassende Förderkurs besucht werden. Eine Parallelteilnahme am Orientierungskurs wird somit möglich. Ob dies für den einzelnen Teilnehmenden sinnvoll ist, unterliegt letztlich der Einzelbetrachtung. In jedem Fall ist ein erhöhtes Lernpensum die Folge. Vielleicht trägt eine Parallelteilnahme zu einem tieferen Verständnis der Kursinhalte bei, weil gleichzeitig die Inhalte aus dem Orientierungskurs und die Sprache intensiver eingeübt werden.

Unabhängig davon bildet die Sprachkompetenz den Schlüssel zum Verständnis der Inhalte. Nahezu alle Interviewten äußerten sich dahingehend, dass zu dem Zeitpunkt als sie den Orientierungskurs besucht hatten, ihre Sprachkompetenz für das Verständnis und eine Durchdringung der Kursinhalte nicht ausreichend war. Damit können die Ergebnisse von Hentges bestätigt werden, die in ihren Untersuchungen wiederholt auf Sprachbarrieren aufmerksam gemacht hat, die einer erfolgreichen Absolvierung des Orientierungskurses im Weg stehen können. Weiterhin kann der Orientierungskurs offenbar erfolgreich abgeschlossen werden, ohne ein tieferes Verständnis für die dort gebotenen Inhalte zu entwickeln. Dies hängt mit der spezifischen Lehr-Lernsituation zusammen. Ebenso wird damit eine spezifische Art von Orientierung erzeugt, die in der Rückschau und in Anbetracht verbesserter Sprachkenntnisse von den Teilnehmenden durchaus kritisch betrachtet wird. Die sprachlichen Fähigkeiten regulieren den Grad der Orientierung. Wie zu zeigen sein wird, bestimmen sie grundsätzlich darüber, ob Orientierung als Erschließung oder Auferlegung wahrgenommen wird.

8.2 Strukturelle Vorgabe und Lehr-Lernsituation

Die Lehr-Lernsituation ist dadurch gekennzeichnet, dass das erfolgreiche Absolvieren des Kurses das Bestehen eines Testes voraussetzt und Lehren und Lernen an dieser Zielvorgabe ausgerichtet sind. Dies bildet den strukturellen Rahmen für das Verhältnis zwischen Kursleiter und Teilnehmenden. Darüber hinaus beeinflusst dies die methodischen und didaktischen Lernbedingungen und die Wahrnehmung, ob der Kurs dazu beitragen kann, Partizipationsmöglichkeiten zu schaffen, also eine erschließende Wirkung zu entfalten.

Was den Kursverlauf und die Beziehung zwischen Leitung und Teilnehmenden ebenso prägt, ist die Persönlichkeit der Lehrkraft und ihre Kompetenz. Das Verhältnis zur Lehrkraft kann im Allgemeinen als gut sowie von Respekt und Vertrauen getragen gekennzeichnet werden. In den Herkunftsländern der Teilnehmenden genießen Lehrer unabhängig von ihrem Geschlecht ein hohes Ansehen, so dass es in Deutschland kein Problem mit der Anerkennung ihrer Rolle gibt. Die Teilnehmenden hoben die ruhige und bedächtige Art der Kursleiter hervor. Sie schufen damit einen Lernraum, der sich erheblich von den Begebenheiten in den Heimatländern unterscheidet. Dort herrscht eine wesentlich „aufgeregtere“, wort- und stimmgewaltigere Atmosphäre. Weiterhin wurden die Lehrkräfte einerseits als streng beschrieben. Andererseits stellten sie dadurch sicher, dass das erforderliche Arbeitspensum vermittelt wird. Im Rückblick schätzte Adam die Begegnung mit seiner Lehrerin als nicht unproblematisch ein. Seiner Meinung muss die Lehrkraft im Orientierungskurs ein Experte auf den Gebieten Politik und Zeitgeschichte sein. Er kritisierte, dass dies in seinem Kurs nicht der Fall war und seine Lehrerin den Lehrstoff nicht beherrschte. Dies hatte zur Folge, dass ihre Erklärungen bei Nachfragen der Teilnehmenden oftmals einsilbig ausfielen und mit dem Wortlaut des Lehrbuchs übereinstimmten. So gelang es nicht, die abstrakten Inhalte auf ein erforderliches Maß zu vereinfachen und alternative, der Meinung Adams nach, richtige Antwortvorschläge der Teilnehmenden als gleichwertig anzuerkennen (Adam, # 00:12:10 #).

Kursleiter stehen unter hohem zeitlichen Druck und sind bestrebt ihr Pensum in der zur Verfügung stehenden Zeit abzuarbeiten. Im Zuge dessen ist der Unterricht meist frontal ausgerichtet. Die Teilnehmenden befinden sich in der Position der Zuhörenden. Dies ist für die Mehrheit unproblematisch. Diesen Unterrichtsstil sind sie aus ihren Herkunftsländern gewohnt. Teilnehmende wie Fatima beispielsweise monierten an dieser Unterrichtsart jedoch, dass ein zu einseitiger Wortunterricht die Aktivität der Teilnehmenden in der Weise einschränkt, dass sie selbst nicht gefordert werden, die deutsche Sprache einzuüben. Sie hätte es als Bereicherung empfunden, wenn anstatt des Lehrervortrags gelegentlich die Arbeit in Kleingruppen erfolgt wäre (Fatima, # 00:13:55 #). Für Abbas wäre zum Beispiel denkbar gewesen, im Unterricht kurze Videos anzuschauen und dann gemeinsam über das Gesehene zu sprechen. Er selbst hat zur Nachbereitung des Kurses beispielsweise auf Videos im Internet zurückgegriffen und ein Museum besucht (Abbas, # 00:03:53 #). An dieser Stelle wird deutlich, dass die Kursteilnahme für das Bestehen des Abschlusstests nicht ausreichend ist, sondern erwartet wird, sich in der Freizeit mit den Kursinhalten auseinanderzusetzen. Dieses (un) freiwillige Engagement wird durch die Lehrkräfte unterstützt. Fatima wusste zu berichten, dass ihre Lehrerin Testaufgaben für das Lernen Zuhause vorbereitet hatte (Fatima, # 00:13:34 #).

Zeitliche Restriktionen bedingen eine bestimmte Diskussionskultur. Die Teilnehmenden konnten ihre Meinung frei äußern. Allerdings kam relativ wenig Diskussion zustande. Diskussionen wurden nicht abgebrochen. Sofern ein Konsens allerdings außer Reichweite war, wurde seine Herstellung nicht weiterverfolgt, um nicht noch mehr in zeitlichen Verzug zu geraten. Aus diesem Grund unterblieben in der Mehrzahl der Fälle gezielte Nachfragen vonseiten der Kursleitung. Diese hätten jedoch die Unterschiede zwischen

Deutschland und dem Heimatland aufzeigen und den Lehrstoff erfahrbarer und anschaulicher gestalten können. Damit wäre den Prinzipien des Beutelsbacher Konsens' deutlich Rechnung getragen worden. Es kann festgehalten werden, dass die Spezifität des Lehr-Lernverhältnisses in Kombination mit sprachlichen Hürden den Gebrauch der Prinzipien stark einschränkt und erschwert.

8.3 Orientierung bietende Inhalte und Werte

Kern des Orientierungskurses ist die Vermittlung demokratischer Werte. Dazu gehört Wissen über die demokratischen Institutionen und Verfahren der Bundesrepublik Deutschland und ihre Genese. Konkret in Erinnerung geblieben sind beispielsweise die politischen Parteien und dass Deutschland ein föderaler Bundesstaat ist, der sich aus 16 Bundesländern zusammensetzt. Jedes Bundesland besitzt eine eigene Flagge. Der Entstehung der Bundesrepublik gingen die Gewaltherrschaft im Nationalsozialismus und der Zweite Weltkrieg voraus. Auch die Teilung Berlins und der damit verbundene Ost-West-Konflikt, der bis zur friedlichen Revolution 1989 anhielt, wurden genannt.

Neben diesen konkreten, auch historischen Daten konnten die Teilnehmenden, oftmals auf plakative Weise, Werte wie Freiheit und Gleichheit wiedergeben, die zudem Teil ihres Demokratieverständnisses vor Kursbeginn waren. Dazu gehörte ebenso die Gleichstellung von Mann und Frau, die in den Herkunftsländern nicht existiert, jedoch nicht nur von den weiblichen Befragten ersehnt wird. Sie hat in den Augen der Teilnehmenden einen zentralen Stellenwert und scheint ihrer Meinung nach in Deutschland größtenteils realisiert zu sein. Das Nichtvorhandensein dieser Werte in den jeweiligen Heimatländern war fluchtbestimmend. Der Orientierungskurs trug nun dazu bei, dieses Wissen über die demokratischen Werte zu erweitern und zu konkretisieren. Einen recht unmittelbaren Zugang stellte Abbas her, indem er betonte, dass das Tragen von Kleidungsstücken lediglich dem eigenen Geschmack unterworfen ist und es (nahezu) keine staatliche Bevormundung gibt (Abbas, # 00:06:55 #). Adam wusste zu berichten, dass er aus Rücksichtnahme auf seine Mitbürger an Sonn- und Feiertagen bzw. an Werktagen nach 22 Uhr keine laute Musik mehr hört und nur solche Tätigkeiten in der Wohnung ausübt, die ein Minimum an Lautstärke verursachen (Adam, # 00:07:13 #). Auch Themen wie Mülltrennung und Pünktlichkeit bildeten einen konkreten Zusammenhang für die Anwendung abstrakter Werte (Khalil, # 00:03:37 #).

Wie Adam äußerte sich die Mehrheit der Interviewten dahingehend, dass sie Regeln schätzen und diese unbedingt einhalten wollen (Adam, # 00:07:50 #). Die Betonung der Regeln ist zugleich Ausdruck des Wunsches nach Rechtsstaatlichkeit und Rechtssicherheit. Samira schwärmte geradezu, dass Gesetze auch tatsächlich umgesetzt werden (Samira, # 00:05:39 #). Ibrahim hielt hierzu fest: *„Wir können unsere Rechte wahrnehmen und müssen gleichzeitig die Rechte der anderen Menschen achten.“* (Ibrahim, # 00:05:38 #) Die differenzierte rechtliche Ausgestaltung des privaten wie öffentlichen Lebens in Deutschland versetzte Qasim in Erstaunen. Dass für Streitigkeiten in der Arbeitswelt eine eigene Gerichtsbarkeit zuständig ist, stellte für ihn eine vollkommen neue Erfahrung dar, die er aus seiner syrischen Heimat nicht kannte (Qasim, # 00:09:25 #). Erfahrungen mit der vermeintlichen Kehrseite rechtsstaatlicher Prinzipien wurden ebenso gesammelt. Hassan wusste zu berichten, dass pflichtwidriges Fernbleiben vom Orientierungskurs zu Sanktionen bzw. zur Kürzung der Grundsicherung führen kann (Hassan, # 00:03:45 #).

Kritisch wurde die Anwesenheitspflicht bei muslimischen Feiertagen wie an Ramadan oder dem Opferfest beurteilt. Adam war es aus seiner syrischen Heimat gewohnt, diese Festtage im Kreise seiner Familie zu verbringen. Da er hier in Deutschland leben möchte, ist für ihn vollkommen klar, dass er sich an die Vorgaben zu halten hat. Diesen Gedanken verallgemeinerte er sogar dahingehend, dass er kein Recht dazu habe, Gesetze generell zu hinterfragen (Adam, # 00:08:51 #, # 00:20:31 #). Damit geht er in einem negativen Sinn über die Zielsetzung des Orientierungskurses hinaus. Diesem kann durchaus unterstellt werden, ein Assimilationsinstrument zu sein. Allerdings sollte es nicht in der Weise wirken, dass Personen sich selbst als unterlegen betrachten.

Prinzipiell eröffnet das Wissen um Rechtsstaatlichkeit und Befolgung der Regeln neue Teilhabemöglichkeiten und somit kann an dieser Stelle durchaus von einer erschließenden Wirkung gesprochen werden. Getrübt wird dieser Eindruck durch eine formelhaft wirkende Artikulationsweise der Interviewten, die hier eventuell eine Prüfungssituation vermuteten. Die zu Beginn der Befragung getroffene Aussage, dass die Daten zu Forschungszwecken erhoben werden und keine Weiterleitung an Dritte erfolgt, konnte die offensichtlich bestehenden Zweifel nicht vollständig ausräumen. Gerade diese scheinbare Prüfungsproblematik war auch bei anderen Fragestellungen virulent, insbesondere bei der Einschätzung der Bedeutung von Demokratie vor der Einreise in die Bundesrepublik Deutschland. Hier betonten die Befragten in geradezu stereotyper Weise, dass dies für sie sehr wichtig war. Adam, der den Großteil des Interviews in seiner Landessprache bestritt, wechselte bei dieser Frage sofort ins Deutsche und untermauerte damit seine Treue zu Demokratie und Verfassung (Adam, # 00:05:40 #).

Jedoch wurde von der Mehrzahl der Teilnehmenden die Sinnhaftigkeit des Orientierungskurses bezweifelt. Während Nahla durch die Schulpflicht ihrer Tochter an das im Orientierungskurs vermittelte Wissen anknüpfen und sie bei den Schularbeiten im Bereich des Heimat- und Sachunterrichts unterstützen konnte (Nahla, # 00:02:32 #), kritisierten die meisten Interviewten, abgesehen von den bereits dargelegten Ausnahmen, den oftmals fehlenden lebensweltlichen Bezug und in der Abstraktion verhaftete Inhalte. Darauf hat Hentges in ihrer Untersuchung ebenso hingewiesen (Hentges 2013, S. 359). Hassan äußerte in diesem Zusammenhang, dass es wünschenswert gewesen wäre, etwas über die individuelle Steuerlast zu erfahren und wie man Wohnung und Arbeit findet (Hassan, # 00:01:08 #). Vor diesem Hintergrund erscheint ihm eine Vereinsmitgliedschaft, insbesondere in Sportvereinen wesentlich zielführender und gewinnbringender für die Erlangung gesellschaftlicher Teilhabe und Integration zu sein (Hassan, # 00:07:35 #). Dabei wird ebenso die sprachliche Kompetenz weiter ausgebaut und gefördert. Auch der Umgang mit behördlicher Korrespondenz stellt die Teilnehmenden vor vollkommen neue Herausforderungen. Der Orientierungskurs wäre nach Khalil eine geeignete Plattform gewesen, um beispielhaft den konkreten Umgang mit offiziellen Schriftstücken durchzugehen (Khalil, # 00:09:06 #).

Unabhängig von der Problematik des als mangelhaft empfundenen lebensweltlichen Bezugs wird der aus Sicht der Zielvorgaben des BAMF erwünschten positiven Bewertung des deutschen Staates und seiner Institutionen vonseiten der Kursteilnehmenden durchaus entsprochen. Im Zuge der „hegemonialen Zurichtung“ (Schindler/Sieder 2017, S. 4) wird der scheinbaren Überlegenheit von Staaten, die Flüchtlinge aufnehmen und dafür im Gegenzug Anerkennung und Respekt erwarten, ebenso genüge geleistet. Ob dies aus innerer Überzeugung heraus geschieht oder um den Erwartungen zu entsprechen, kann letztlich nicht zweifelsfrei beantwortet werden. Der bestehende Pflichtcharakter des Orientierungskurses sollte an dieser Stelle nicht unerwähnt bleiben ebenso wie, dass das Interesse an Politik nicht von allen Teilnehmenden gleichermaßen geteilt wird (Samira, # 00:06:32 #). Grund hierfür ist ein generell weniger stark ausgeprägtes politisches Interesse. Dies kommt nicht von ungefähr und kann in Zusammenhang mit der in den Heimatländern gelebten politischen Kultur bzw. dem damit in Verbindung stehenden Repressionsapparat gebracht werden. Auch an dieser Stelle gelangt man zu dem Ergebnis, dass es von der individuellen Wahrnehmung abhängig ist, ob die Vermittlung Orientierung bietender Inhalte und Werte einen erschließenden oder auferlegenden Charakter besitzt.

8.4 Fazit und Handlungsempfehlungen

Es soll nochmals in Erinnerung gerufen werden, dass aufgrund der Fallzahl die gewonnenen Ergebnisse und Einsichten nicht als repräsentativ anzusehen sind. Hinzu kommt eine relativ homogene Zusammensetzung der Interviewgruppe bezüglich der Bildungsvoraussetzungen. Aus dem Verhalten der Interviewten und ihren Antworten konnten eine hohe intrinsische Motivation und ein gesteigertes Bemühen um Integration vermutet und abgeleitet werden. Ein Vergleich mit einer bildungsferneren Kohorte wäre in diesem Zusammenhang aufschlussreich. Jedoch können durch die Kategorienbildung und die Auslegung des Datenmaterials gewisse, verallgemeinernde Rückschlüsse gezogen werden. So hat sich gezeigt, dass die sprachlichen Fähigkeiten darüber entscheiden, ob und wie intensiv sich Lernerfolge im Orientierungskurs einstellen können. Weiterhin gibt die Lehr-Lernsituation eine bestimmte Zielrichtung vor. Vor dem Hintergrund der immensen Stofffülle und zeitlicher Restriktionen steht das Bestehen des Kurses im Vordergrund. Methodische und didaktische Erwägungen haben sich diesem Erfordernis unterzuordnen. Die Prinzipien des Beutelsbacher Konsens‘ haben es unter diesen Umständen schwer zur Entfaltung zu gelangen. Aus Teilnehmersicht gerät der Lebensweltbezug im Orientierungskurs zu kurz. Demokratische Werte können benannt und stellenweise erklärt werden. Ihre Einordnung in den Kontext gelingt teilweise. Ihre gesellschaftliche Bedeutung wird betont, entweder aus innerer Überzeugung oder um die Erwartungen zu erfüllen.

Die Beantwortung der Frage bezüglich Erschließung oder Auferlegung demokratischer Werte bleibt dem Einzelfall geschuldet. Ausreichende Sprachkenntnisse ermöglichen es, dem Kurs besser zu folgen. Gleichzeitig besteht die Möglichkeit, hinter die „Logik“ des Kurses mit der positiven Bewertung des deutschen Staates und seiner Werte zu kommen, was wiederum als auferlegend empfunden werden kann. In der Lehr-Lernsituation artikuliert sich das Zwischenmenschliche im Buberschen Sinn am eindringlichsten. Sie sollte idealerweise den Charakter der gegenseitigen Erziehung auf Augenhöhe annehmen. Störungen tragen zu einer Auferlegung bei und verhindern die für eine Erschließung ermöglichende Begegnung mit Anderen.

Je besser die sprachlichen Fähigkeiten ausgebildet sind und die Lehr-Lernsituation als echte Begegnung wahrgenommen wird, desto mehr wird die Wertevermittlung bei steigender intrinsischer Motivation der Teilnehmenden einen erschließenden Charakter besitzen. Die basale Stufe der Orientierung mit ihrem deklarativen Sachwissen und einer Belehrungskultur wird verlassen und die Befähigung zur wirklichen Mitgestaltung erzeugt. Es wird prozessuales Wissen erlangt, das neue Anknüpfungsmöglichkeiten schafft und den Kursinhalten ihre Abstraktion nimmt. Damit werden die Teilnehmenden ermächtigt und Partizipationsmöglichkeiten geschaffen. Die Integration wird erfolgversprechender verlaufen.

Umgekehrt wird Integration nicht gut gelingen, wenn Werte auferlegt werden. Sprachliche Defizite und ein auf das Bestehen eines Abschlusstests basierendes Kurssystem befördern dies. Die Teilnehmenden lassen die Inhalte über sich ergehen und präparieren sich für die Prüfung. Ihre erfolgreiche Absolvierung ist für den weiteren Verbleib in Deutschland von Bedeutung. Die Sicherung der Existenz besitzt einen höheren Stellenwert als die Internalisierung demokratischer Werte. Der Orientierungskurs wird als Notwendigkeit betrachtet. Die Möglichkeiten, die der Kurs indirekt bietet und erzeugt, werden nicht wahrgenommen.

Dem Anschein nach kommt man in Deutschland auch ohne tiefere Kenntnisse aus dem Orientierungskurs zurecht. Zumal er nur eine erste Grundorientierung bzw. Anregungen bieten kann. Die Inhalte und ihre Bedeutung für den Integrationsprozess sind zudem durchaus hinterfragbar. Ferner wird

Demokratie nicht nur kognitiv über Inhalte erfahrbar, sondern, wenn nicht sogar entscheidender, aus der Begegnung zwischen den Menschen, insbesondere auch außerhalb des Kursgeschehens. Sofern sich diese Dialoge, diese Gespräche auf Augenhöhe zutragen, wird hier Sprache eine erschließende Wirkung entfalten. Trotz der ungünstigen strukturellen Bedingungen besitzt die Begegnung zwischen Kursleiter und Teilnehmenden vom Grundsatz her eine demokratieerziehende Ausrichtung.

Während das Erlernen der deutschen Sprache für das Leben in Deutschland essentiell ist, gilt dies nicht gleichermaßen für die Inhalte des Orientierungskurses. Wenn allerdings die positive Bewertung des deutschen Staates im Vordergrund der Demokratieerziehung steht und andererseits die sprachlichen Fähigkeiten ausschlaggebend für eine möglichst frühzeitige Identifikation mit dem deutschen Staat sind, müssten die Sprachkurse ausgedehnt werden und die Orientierungskurse zu einem späteren Zeitpunkt stattfinden. Dies sind Ergebnisse, die auf dem von Lochner bearbeiteten Paneldatensatz des BAMF beruhen. Folglich müsste dem BAMF die Problematik bekannt sein.

Vor dem Hintergrund verbesserter Sprachkenntnisse könnte darüber nachgedacht werden, ob die Prüfungsform des Orientierungskurses beispielsweise als Portfolio ausgearbeitet werden könnte. Damit werden die kontinuierliche Mitarbeit und die Reflexion über die erarbeiteten Inhalte gefördert. Dies entspricht vielmehr einer diskursiven Auseinandersetzung wie es eine emanzipatorische Demokratieerziehung fordert. Über die konkrete Ausgestaltung dieses Portfolios ist natürlich zu diskutieren. Der erhöhte Aufwand für die Kursleiter im Hinblick auf Korrektur und Nachbearbeitung muss berücksichtigt werden. Ohne eine Kursüberarbeitung wird die Etablierung einer neuen Prüfungsform nicht gelingen, die zudem das gesamte Kursgefüge in Bewegung bringen würde. Aus Sicht des BAMF werden die Orientierungs- bzw. Integrationskurse als Erfolgsmodell betrachtet, die einer grundlegenden Änderung nicht bedürfen. Als Indikatoren können die hohen Bestehensquoten bei den Prüfungen ins Feld geführt werden. Das Ziel, den Staat eine positive Wertschätzung entgegenzubringen, scheint dadurch erreicht worden zu sein. Diese Zahlen können allerdings keine Auskunft darüber geben, ob die Werte auch verinnerlicht worden sind. Eine kritische, für die gesellschaftliche Fortentwicklung bedeutsame Auseinandersetzung mit unserer Demokratie findet, was die vorliegende Untersuchung gezeigt haben sollte, in den Orientierungskursen daher nur in Ansätzen statt und kann zudem individuell höchst verschieden ausfallen.

9. Schluss

Nicht erst seit den Ereignissen im September 2015 sind Migration und Integration bedeutende gesellschaftspolitische Grundkoordinaten in Deutschland. Der Integrationskurs, der aus einem Sprach- und einem wertevermittelnden Orientierungskurs besteht, stellt ein wichtiges Integrationsinstrument dar. Der Orientierungskurs stand im Fokus der zurückliegenden Untersuchung, in der es darum ging, zu analysieren, wie die Wertevermittlung in der Praxis umgesetzt wird.

Die Durchsicht der Forschungsliteratur brachte zu Tage, dass es wenige Arbeiten gibt, die sich mit den Integrationskursen befassen. Die vorgestellten Beiträge thematisierten in der Mehrzahl die Sprachkurse und die damit beabsichtigten Ziele, wie die einer Angleichung der Migranten an die Aufnahmegesellschaft bei gleichzeitiger Betonung der scheinbaren Überlegenheit Letzterer. Die Orientierungskurse standen bislang noch nicht im Mittelpunkt der Forschung.

Den theoretischen Rahmen der Untersuchung bildete das dialogische Prinzip Martin Bubers, das für die Charakterisierung eines Werteunterrichts besser geeignet erschien, als ein bereits negativ behafteter Indoktrinationsbegriff. Das in der Folge aus dem Buberschen Dialogprinzip übernommene Wortpaar Erschließung/Auferlegung war der theoretische Ausgangspunkt für die empirische Analyse der Wertevermittlung.

Die empirische Untersuchung fußt auf zwölf leitfadengestützte Interviews und einer anschließenden qualitativen Datenanalyse. Als Projektpartner fungierte ein Bildungsträger im ländlichen Raum, der die Lizenz besitzt, Orientierungskurse anzubieten und den Zugang zum Feld ermöglichte. Der Kontakt wurde durch eine Mitarbeiterin hergestellt, die selbst Teil der Forschungsgruppe war und die Auswahl der Interviewkandidaten besorgte.

Die Interviews wurden in zwei Gruppen durchgeführt. Die Fragen standen den Teilnehmenden in arabischer Sprache zur Verfügung. Sie konnten ihre Antworten auf Deutsch oder in ihrer Muttersprache geben. Ein arabischsprachiger Übersetzer gab den Teilnehmenden der ersten Gruppe bei Bedarf Hilfestellung. Die Interviews wurden aufgezeichnet und transkribiert, die arabischen Interviewpassagen ergänzt, fehlerhafte Übersetzungen aus dem weiteren Forschungsverlauf getilgt. Die Auswertung der gewonnenen Daten erfolgte in Anlehnung an die qualitative Inhaltsanalyse, in dessen Verlauf drei Hauptkategorien abgeleitet werden konnten: Sprache, Lehr-Lernsituation sowie Inhalte und Werte.

Nach der Darstellung des theoretischen und methodischen Zusammenhangs ging es auf einer inhaltlichen Ebene um den Kontext, in dem sich die Integrationskurse bewegen sowie um ihrer Genese. Der Orientierungskurs ist ein Angebot, das der politischen Erwachsenenbildung zugeordnet werden kann, dessen Grundstruktur durch den Beutelsbacher Konsens vorgegeben ist. Dieser beruht auf drei Prinzipien: Überwältigungsverbot, Kontroversitätsgebot, Interessenorientierung. Ihre Einhaltung ist grundlegend für die politische Erwachsenenbildung in Deutschland. Im weiteren Untersuchungsverlauf sollte sich zeigen, inwiefern diese Prinzipien im Rahmen der Orientierungskurse tatsächlich zur Anwendung kommen sollten.

Migration ist ein Phänomen, das bereits seit Menschengedenken besteht. Die Gründe für Wanderungsbewegungen sind vielfältig. Grundlegend ist die Unterscheidung zwischen freiwilliger und erzwungener Migration. Dadurch wird die Integration in entscheidender Weise bestimmt und strukturiert. Obwohl Deutschland bereits seit der frühen Neuzeit ein Einwanderungsland ist, wurde diese Realität stets bestritten. Daran änderte sich auch infolge der Anwerbung ausländischer Arbeitskräfte in den 1950er-Jahren nichts. Schließlich ging man davon aus, dass diese „Gastarbeiter" wieder in ihre Ursprungsländer zurückkehren werden. Dementsprechend gestalteten sich die Bildungsangebote, die sehr rudimentär ausgestaltet waren. Trotz Anwerbestopp und Rückführungen nahm die Zahl der Migranten stetig zu. Vor diesem Hintergrund kam es bis zur Jahrtausendwende zu einer qualitativen und quantitativen Aufwertung der Bildungsangebote für Zugewanderte. Seine diesbezügliche Verantwortung delegierte der Staat auf die Ebene der Länder und Kommunen. Erst 2005 kam es zu einem Systemwechsel und den damit verbundenen Licht- und Schattenseiten. Einerseits erfolgte die Einführung der bundesweit einheitlichen Integrationskurse, die durch das Bundesamt für Migration und Flüchtlinge als neustrukturierter Behörde im Geschäftsbereich des Bundesministeriums des Inneren koordiniert und beaufsichtigt werden. Andererseits sind Kursaufbau und -ablauf weniger an erwachsenenbildnerischen Erfordernissen orientiert als an Fragen der Sicherheit und Begrenzung von Migration.

Schließlich wandte sich die Untersuchung den Integrationskursen zu. Diese bestehen aus einem Sprach- und Orientierungskurs. Ziel des Sprachkurses ist es, Sprachfertigkeiten auf dem Niveau B1 zu erlangen. Der Orientierungskurs soll eine grundlegende Orientierung geben und zusammen mit den erlernten Sprachfertigkeiten Teilhabemöglichkeiten schaffen. Seine Stundentafel umfasst 100 Unterrichtseinheiten und weist ein breit gefächertes inhaltliches Spektrum auf. Kern ist die Vermittlung demokratischer Werte. Bereits an dieser Stelle war es berechtigt zu fragen, ob die Kursteilnehmenden angesichts von Fülle und Komplexität der Inhalte im Zusammenhang mit ihren oftmals geringen Sprachkompetenzen nicht überfordert werden und eine Wertevermittlung daher keine emanzipatorische und somit in der Terminologie Bubers erschließende Wirkung entfalten kann. Ungünstigerweise kommt hinzu, dass zu den erklärten Zielen des Orientierungskurses die positive Bewertung des deutschen Staates gehört. Eine offiziell im Curriculum des Orientierungskurses verlautbarte Orientierung am Beutelsbacher Konsens wird ebenfalls konterkariert.

Vor diesem Hintergrund wurde in dem sich anschließenden empirischen Teil der Untersuchung die Wertevermittlung in Orientierungskursen anhand der Kategorien Sprache, Lehr-Lernsituation sowie Inhalte und Werte nachgezeichnet. In der Zusammenfassung hat sich gezeigt, dass die Sprachfertigkeiten den Weg dafür ebnen, ob dem Kurs bzw. der Wertevermittlung eine erschließende oder auferlegende Wirkung zugeschrieben werden kann. Die Lehr-Lernsituation ist durch das Bestehen eines Abschlusstests vorgezeichnet. Zeitliche Restriktionen lassen keine echte Diskussionskultur entstehen, die an der Lebenswelt der Teilnehmenden orientiert ist. Gute Sprachkenntnisse ermöglichen jedoch eine dialogische Beziehung zwischen Teilnehmenden und Kursleiter. Das zu erwerbende Wissen um Demokratie und Werte kann dabei seinen rein deklaratorischen Status verlassen und einen wirklichen Beitrag zum Erlangen von Teilhabemöglichkeiten schaffen. Letztlich sind es die individuellen Fähigkeiten der Teilnehmenden, ihr Vorwissen und ihre Lebenserfahrung, die die Sicht und Wahrnehmung auf den Orientierungskurs steuern und strukturieren. Je nach individueller Situation kann der Kurs einen Gewinn oder eine Pflichtveranstaltung darstellen.

10. Verwendete Materialien

10.1 Online-Quellen

Frankfurter Erklärung, Die Unterzeichner – List of signatories, abrufbar unter: https://sozarb.h-da.de/politische-jugendbildung/frankfurter-erklaerung/die-unterzeichner-list-of-signatories/ (zuletzt abgerufen am 31. Oktober 2019)

Gesetz über den Aufenthalt, die Erwerbstätigkeit und die Integration von Ausländern im Bundesgebiet; AufenthG (2004ff.), abrufbar unter: https://www.gesetze-im-internet.de/aufenthg_2004/ (zuletzt abgerufen am 31. Oktober 2019)

Hanewinkel, Vera; Oltmer, Jochen (2017): Länderprofil Deutschland, abrufbar unter: https://www.bpb.de/system/files/dokument_pdf/Laenderprofil_Deutschland_2017.pdf (zuletzt abgerufen am 31. Oktober 2019)

10.2 Primärquellen

Bundesamt für Migration und Flüchtlinge (2017): Curriculum für einen bundesweiten Orientierungskurs. Überarbeitete Neuauflage für 100 UE. Nürnberg

Bundesamt für Migration und Flüchtlinge (2018): Das Bundesamt in Zahlen 2017. Nürnberg

Statistisches Jahrbuch (2018). Wiesbaden

10.3 Literatur

Ahlheim, Klaus (2009): Die Kirche im Dorf lassen. Ein nüchterner Blick auf den Beutelsbacher Konsens, in: Erwägen – Wissen – Ethik (EWE), 2, S. 248–250

Bauer, Stefanie (2018): Biografische Lern- und Bildungserfahrungen alleinerziehender Mütter. Eine qualitative Analyse (= Schriften der Fakultät Humanwissenschaften der Otto-Friedrich-Universität Bamberg 27). Bamberg

Beck, Harald (1991): Buber und Rogers. Das Dialogische und das Gespräch. Heidelberg

Böhm, Winfried; Seichter, Sabine (172018): Wörterbuch der Pädagogik. Paderborn

Buber, Martin (41979): Elemente des Zwischenmenschlichen. Heidelberg

Däuble, Helmut (2016): Der fruchtbare Dissens um den Beutelsbacher Konsens, in: Gesellschaft, Wirtschaft, Politik (GWP), 4, S. 449–458

Demke, Elena (2007): Indoktrination als Code in der SED-Diktatur, in: Schluß, Henning (2007, Hrsg.): Indoktrination und Erziehung. Aspekte der Rückseite des Spiegels. Wiesbaden, S. 35–48

Dzierzbicka, Agnieszka; Sattler, Elisabeth (2007): Chancengleichheit und Vereinbarungskultur – Notwendige Ambivalenzen pädagogischer Doktrinen, in: Schluß, Henning (2007, Hrsg.): Indoktrination und Erziehung. Aspekte der Rückseite des Spiegels. Wiesbaden, S. 49–60

Engin, Hawa (2013): Integrationskurse, Integrationsgipfel, Nationaler Integrationsplan (NIP) und Nationaler Aktionsplan Integration (NAP-I), in: Meier-Braun, Karl-Heinz; Weber, Reinhold (2013, Hrsg.): Migration und Integration in Deutschland. Begriffe – Fakten – Kontroversen. Stuttgart, S. 201–204

Faber, Werner (1960): Das Dialogische Prinzip Martin Bubers und das erzieherische Verhältnis. Münster

Fischer, Veronika (2018): Erwachsenenbildung im Kontext von Migration, in: Tippelt, Rudolf; Hippel, Aiga von (62018, Hrsg.): Handbuch Erwachsenenbildung/Weiterbildung. Wiesbaden, S. 1279–1296

Frey, Alfons; Geiger, Robert; Kaulfuß, Ralf (2017): Ergebnisse, in: Bäuml, Manfred; Denneborg, German; Männle, Ursula (2017, Hrsg.): Flucht nach Bayern: Wie gelingt Demokratieerziehung? Beschulung von Asylsuchenden und Fluchtmigranten: Berufliche Schulen stellen sich der Herausforderung. Dokumentation einer gemeinsamen Tagung der Hanns-Seidel-Stiftung e.V., des Bayerischen Staatsministeriums für Bildung und Kultus, Wissenschaft und Kunst sowie der Stiftung Bildungspakt Bayern. München, S. 11–13

Friedenthal-Haase, Martha (1991): Krise und Bewältigung (= Oldenburger Universitätsreden 44). Oldenburg

Friedrich, Manuel (2015): Moralische Erziehung und Indoktrination durch ökonomische Bildung? Eine empirische Studie über Einflüsse ökonomischer Bildung auf die moralische Entwicklung von Lernenden. Bayreuth

Fritz, Thomas (2017): Wertekurse im Kräftespiel von Nationalisierung und Globalisierung. Ein Plädoyer für eine interkulturelle, politische Bildung im Migrationskontext, in: Magazin erwachsenenbildung.at, 31, S. 42–48

Heinemann, Alisha M.B. (2017): The making of 'good citizens': German courses for migrants and refugees, in: Studies in the Education of Adults, 49, 2, S. 177–195

Heinemann, Alisha M.B. (2018): Alles unter Kontrolle? Der Deutschkurs in der Erwachsenenbildung, in: Zeitschrift für Weiterbildungsforschung, 41, S. 79–92

Hellmuth, Thomas; Klepp, Cornelia (2010): Politische Bildung. Ziele, Inhalte und Perspektiven. Wien/Köln/Weimar

Hentges, Gudrun (2010): Integrations- und Orientierungskurse. Konzepte – Kontroversen – Erfahrungen, in: Hentges, Gudrun; Hinnenkamp, Volker; Zwengel, Almut (2010, Hrsg.): Migrations- und Integrationsforschung in der Diskussion. Wiesbaden, S. 23–77

Hentges, Gudrun (2010a): Integrations- und Orientierungskurse. Konzepte – Kontroversen – Erfahrungen, in: Hessische Landeszentrale für politische Bildung (2010, Hrsg.): I-Kurse und nun? Dokumentation der Fachtagung vom 05.05.2009 in Gießen. Wiesbaden, S. 10–57

Hentges, Gudrun (2011): Politische Bildung für MigrantInnen, in: Marschke, Britta; Brinkmann, Heinz Ulrich (2011, Hrsg.): Handbuch Migrationsarbeit. Wiesbaden, S. 254–269

Hentges, Gudrun (2013): Integrations- und Orientierungskurse – eine Bilanz nach sieben Jahren, in: Brinkmann, Heinz Ulrich; Haci-Halil, Uslucan (2013, Hrsg.): Dabeisein und Dazugehören. Wiesbaden, S. 343–364

Hentges, Gudrun; Lösch, Bettina; Eis, Andreas (2017): Schulische politische Bildung. Inhaltslosigkeit als neue Ideologie?, in: FORUM Wissenschaft, 4, S. 24–28

Hoerder, Dirk (2016): Arbeitsmigration und Flucht vom 19. bis ins 21. Jahrhundert, in: Mittelweg, 36, S. 3–32

Hoesch, Kirsten (2018): Migration und Integration. Eine Einführung. Wiesbaden

Hufer, Klaus-Peter (2005): Bürgergesellschaft als Ziel der Erwachsenenbildung, in: Bildung und Erziehung, 59, S. 325–339

Käpplinger, Bernd (2016): Werte im (Dis-)Kurs: „Frauen haben mehr Rechte". Wie lassen sich europäische Werte vermitteln, in: Erwachsenenbildung, 62, S. 153–156

Kloubert, Tetyana (2019): Democracy Education in the Context of German „Orientation Courses" for Migrants, in: Kloubert, Tetyana (2019, Hrsg.): Erwachsenenbildung und Migration. Internationale Kontexte und historische Bezüge. Wiesbaden, S. 115–132

Kloubert, Tetyana; Oelbauer, Daniel (2019): Erschlossen oder auferlegt? Demokratiebildung und Wertevermittlung in Orientierungskursen für Zuwanderinnen und Zuwanderer, in: weiter bilden, 26, Heft 4

Lämmermann, Falk (2013): Einbürgerung, in: Meier-Braun, Karl-Heinz; Weber, Reinhold (2013, Hrsg.): Migration und Integration in Deutschland. Begriffe – Fakten – Kontroversen. Stuttgart, S. 117–119

Lenzen, Dieter (1989): Pädagogische Grundbegriffe. Reinbek bei Hamburg

Liakova, Marina (2013): Migrationstheorien, in: Meier-Braun, Karl-Heinz; Weber, Reinhold (2013, Hrsg.): Migration und Integration in Deutschland. Begriffe – Fakten – Kontroversen. Stuttgart, S. 35–38

Lochner, Susanne (2016): Integrationskurse als Motor für gesellschaftlichen Zusammenhalt. Interethnische Kontakte und nationale Verbundenheit von MigrantInnen in Deutschland. Opladen/Berlin/Toronto

Maier, Robert E. (1992): Pädagogik des Dialogs. Ein historisch-systematischer Beitrag zur Klärung des pädagogischen Verhältnisses bei Nohl, Buber, Rosenzweig und Grisebach. Frankfurt am Main/Berlin/Bern

Meier-Braun, Karl-Heinz (2013): Einleitung: Deutschland Einwanderungsland, in: Meier-Braun, Karl-Heinz; Weber, Reinhold (2013, Hrsg.): Migration und Integration in Deutschland. Begriffe – Fakten – Kontroversen. Stuttgart, S. 15–27

Mitgutsch, Konstantin (2007): Indoktrination als Phantom. Über die Intentionalität des Medieneinsatzes im Lehr-Lernprozess, in: Schluß, Henning (2007, Hrsg.): Indoktrination und Erziehung. Aspekte der Rückseite des Spiegels. Wiesbaden, S. 93–112

Morrice, Linda (2012): Learning and Refugees: Recognizing the Darker Side of Transformative Learning, in: Adult Education Quarterly, 63, 3, S. 251–271

Oltmer, Jochen (2013): Migration, in: Meier-Braun, Karl-Heinz; Weber, Reinhold (2013, Hrsg.): Migration und Integration in Deutschland. Begriffe – Fakten – Kontroversen. Stuttgart, S. 31–34

Oltmer, Jochen (2017): Migration als historische Normalität: Europa im globalen Wanderungsgeschehen, in: Tietmeyer, Elisabeth (2017, Hrsg.): Einsichten in flüchtige Leben (= Schriftenreihe des Museums Europäischer Kulturen 19). Heidelberg, S. 100–120

Oltmer, Jochen (^{3}2016): Migration vom 19. bis zum 21. Jahrhundert (= Enzyklopädie Deutscher Geschichte 86). Berlin/Boston

Öztürk, Halit (2014): Migration und Erwachsenenbildung. Unter Mitarbeit von Sara Reiter und Daniela Schuldes (= Studientexte zur Erwachsenenbildung). Bielefeld

Reinhold, Gerd; Pollak, Guido; Heim, Helmut (1999, Hrsg.): Pädagogiklexikon. München

Rhode, Carla; Stitteneder, Tanja (2018): ifo Migrationsmonitor: Integration von Geflüchteten – Schlüsselfaktor Spracherwerb, in: ifo Schnelldienst, 71, S. 88–92

Ruhlandt, Marc (2016): Erwachsenenbildung in der Einwanderungsgesellschaft. Organisationale Voraussetzungen Interkultureller Offenheit in Einrichtungen der Weiterbildung. Wiesbaden

Saalfrank, Wolf-Thorsten (2008): Beziehung ist Gegenseitigkeit. Martin Bubers pädagogisches Denken und Handeln. Gießen

Schiele, Siegfried (2016): Der Beutelsbacher Konsens – Missverständnisse in der Praxis und Perspektiven für die Praxis, in: Schmidt, Jochen; Schoon, Steffen (2016, Hrsg.): Politische Bildung auf schwierigem Terrain. Rechtsextremismus, Gedenkstättenarbeit, DDR-Aufarbeitung und der Beutelsbacher Konsens. Schwerin, S. 7–21

Schindler, Julia; Sieder, Christa (2017): Editorial, in: Magazin erwachsenenbildung.at, 31, S. 12–16

Schluß, Henning (2007): Indoktrination und Fachunterricht – Begriffsbestimmung anhand eines Exempels, in: Schluß, Henning (2007, Hrsg.): Indoktrination und Erziehung. Aspekte der Rückseite des Spiegels. Wiesbaden, S. 61–78

Schneider, Herbert (1999): Der Beutelsbacher Konsens, in: Mickel, Wolfgang M. (1999, Hrsg.): Handbuch zur politischen Bildung (= Schriftenreihe der Bundeszentrale für politische Bildung 358). Bonn, S. 171–177

Schreier, Margit (2013): Qualitative Analyseverfahren, in: Hussy, Walter; Schreier, Margit; Echterhoff, Gerald (2013, Hrsg.): Forschungsmethoden in Psychologie und Sozialwissenschaften für Bachelor. Berlin/Heidelberg, S. 245–275

Schroeder, Christoph; Zakharova, Natalia (2015): Sind die Integrationskurse ein Erfolgsmodell? Kritische Bilanz und Ausblick, in: Zeitschrift für Ausländerrecht und Ausländerpolitik, 35, 8, S. 257–262

Siebert, Horst (2018): Erwachsenenbildung in der BRD. Alte und neue Bundesländer, in: Tippelt, Rudolf; Hippel, Aiga von (^{6}2018, Hrsg.): Handbuch Erwachsenenbildung/Weiterbildung. Wiesbaden, S. 59–88

Stein, Werner (2014): Integration in Integrationskursen?! – Zwischenrufe aus der Praxis, in: Marschke, Britta; Brinkmann, Heinz Ulrich (^{2}2014, Hrsg.): Handbuch Migrationsarbeit. Wiesbaden, S. 179–186

Stroß, Annette M. (2007): Indoktrination – ein (un)pädagogischer Begriff?, in: Schluß, Henning (2007, Hrsg.): Indoktrination und Erziehung. Aspekte der Rückseite des Spiegels. Wiesbaden, S. 11–32

Tenorth, Heinz-Elmar; Tippelt, Rudolf (2007, Hrsg.): BELTZ Lexikon Pädagogik. Weinheim/Basel

Vierheilig, Jutta (1996): Dialog als Erziehungsprinzip, in: Vierheilig, Jutta; Lanwer-Koppelin, Willehad (1996, Hrsg.): Martin Buber – Anachronismus oder neue Chance für die Pädagogik? Butzbach-Griedel, S. 17–74

Wehling, Hans-Georg (1977): Konsens á la Beutelsbach, in: Schiele, Siegfried/Schneider, Herbert (1977, Hrsg.): Das Konsensproblem in der politischen Bildung. Stuttgart, S. 173–184

Weißeno, Georg (2017): Zur Historisierung des Beutelsbacher Konsenses, in: Frech, Siegfried; Richter, Dagmar (2017, Hrsg.): Der Beutelsbacher Konsens. Bedeutung, Wirkung, Kontroversen. Frankfurt am Main, S. 35–56

Werner, Hans-Joachim (1994): Martin Buber. Frankfurt am Main/New York